ABDUCCIONES ALIENÍGENAS

Los Casos Registrados más Aterradores de Abducciones Extraterrestres

FRANCIS CASTELLAN

© Copyright 2021 – Francis Castellan - Todos los derechos reservados.

Este documento está orientado a proporcionar información exacta y confiable con respecto al tema tratado. La publicación se vende con la idea de que el editor no tiene la obligación de prestar servicios oficialmente autorizados o de otro modo calificados. Si es necesario un consejo legal o profesional, se debe consultar con un individuo practicado en la profesión.

- Tomado de una Declaración de Principios que fue aceptada y aprobada por unanimidad por un Comité del Colegio de Abogados de Estados Unidos y un Comité de Editores y Asociaciones.

De ninguna manera es legal reproducir, duplicar o transmitir cualquier parte de este documento en forma electrónica o impresa.

La grabación de esta publicación está estrictamente prohibida y no se permite el almacenamiento de este documento a menos que cuente con el permiso por escrito del editor. Todos los derechos reservados.

La información provista en este documento es considerada veraz y coherente, en el sentido de que cualquier responsabilidad, en términos de falta de atención o de otro tipo, por el uso o abuso de cualquier política, proceso o dirección contenida en el mismo, es responsabilidad absoluta y exclusiva del lector receptor. Bajo ninguna circunstancia se responsabilizará legalmente al editor por cualquier reparación, daño o pérdida monetaria como consecuencia de la información contenida en este documento, ya sea directa o indirectamente.

Los autores respectivos poseen todos los derechos de autor que no pertenecen al editor.

La información contenida en este documento se ofrece únicamente con fines informativos, y es universal como tal. La presentación de la información se realiza sin contrato y sin ningún tipo de garantía endosada.

El uso de marcas comerciales en este documento carece de consentimiento, y la publicación de la marca comercial no tiene ni el permiso ni el respaldo del propietario de la misma.

Todas las marcas comerciales dentro de este libro se usan solo para fines de aclaración y pertenecen a sus propietarios, quienes no están relacionados con este documento.

Índice

Introducción   vii

1. Profundizando alrededor de las abducciones   1
2. ¿No crees en los OVNIs?   25
3. Abducidos, ¿pero por Aliens o militares?   81
4. El verano del 92'   93
5. Helicópteros misteriosos, OVNIs y abducciones   137

Conclusión   149

Bibliografía   159

Introducción

En otoño de 1989, cuando un colega me preguntó si deseaba conocer a John Hilkins, le contesté: "¿Quién es?". Me dijo que era un artista de California que trabajaba con personas que decían haber sido llevadas por seres extraterrestres a naves espaciales. Entonces dije algo así como que él debía estar loco y ellos también. No, no, insistió, era un asunto muy serio y real. Pronto llegó un día en el que me encontraba en California por otro motivo -era el 10 de enero de 1990, una de esas fechas que recuerdas que marcan un momento en el que todo cambia en tu vida- y me llevó a ver a John.

Nada en mis entonces casi cuarenta años de familiaridad con el campo de la psiquiatría me preparó para lo que John tenía que decir.

Introducción

Me impresionó su calidez, su sinceridad, su inteligencia y su preocupación por las personas con las que había trabajado. Pero lo más importante fueron las historias que me contó de personas de todo Estados Unidos que habían acudido a contarle sus experiencias después de leer uno de sus libros o artículos o de oírle en la televisión. Éstas se correspondían, a veces con detalles minuciosos, con las de otros "abducidos" o "experimentadores", como se les llama.

La mayor parte de la información específica que los abducidos proporcionaron sobre los medios de transporte hacia y desde las naves espaciales, las descripciones del interior de las propias naves y los procedimientos llevados a cabo por los extraterrestres durante las abducciones nunca se habían escrito ni mostrado en los medios de comunicación. Además, estos individuos procedían de muchas partes del país y no se habían comunicado entre sí. Parecían en otros aspectos bastante cuerdos, habían salido a la luz a regañadientes, temiendo el descrédito de sus historias o el ridículo absoluto que habían encontrado en el pasado.

Habían venido a ver a John con un gasto considerable y, salvo raras excepciones, no tenían nada que ganar materialmente al contar sus historias.

Introducción

En un ejemplo, una mujer se sorprendió cuando John le mostró el dibujo de un ser extraterrestre. Le preguntó cómo había podido representar lo que ella había visto cuando apenas habían empezado a hablar. Cuando él le explicó que el dibujo había sido realizado por otra persona de otra parte del país, la mujer se alteró intensamente, ya que una experiencia que había querido creer que era un sueño, ahora, según ella, debía ser de alguna manera real.

Mi reacción fue en algunos aspectos como la de esta mujer. Lo que John había encontrado en los más de doscientos casos de abducción que había visto durante un período de catorce años eran informes de experiencias que tenían las características de los acontecimientos reales: narraciones muy detalladas que no parecían tener un patrón simbólico obvio; un intenso impacto traumático emocional y físico, que a veces dejaba pequeñas lesiones en los cuerpos de los experimentadores; y la coherencia de los relatos hasta en los detalles más mínimos. Pero si estas experiencias eran en cierto sentido "reales", entonces se abrieron todo tipo de nuevas preguntas. ¿Con qué frecuencia ocurría esto?

Si había un gran número de estos casos, ¿quién ayudaba a estas personas a enfrentarse a sus experiencias y qué tipo de apoyo o tratamiento se pedía?

Introducción

¿Cuál era la respuesta de los profesionales de la salud mental? Y, lo más básico de todo, ¿cuál era el origen de estos encuentros? Estas y otras muchas preguntas se abordan en este libro.

En respuesta a mi evidente pero algo confuso interés, John me preguntó si deseaba ver yo mismo a algunos de estos experimentadores. Acepté, con una curiosidad matizada por una ligera ansiedad. Un mes más tarde, John me hizo ver a cuatro abducidos, un hombre y tres mujeres. Cada uno de ellos contó historias similares de sus encuentros con seres extraterrestres y experiencias de abducción. Ninguno de ellos parecía estar perturbado psiquiátricamente, excepto en un sentido secundario, es decir, que estaban perturbados como consecuencia de algo que aparentemente les había sucedido. No había nada que sugiriera que sus historias fueran delirantes, una mala interpretación de los sueños o el producto de la fantasía. Ninguno de ellos parecía una persona que hubiera inventado una historia extraña con algún propósito personal. Percibiendo mi evidente interés, John me preguntó si quería que me remitiera casos en la zona de Texas, de la que ya conocía bastantes. De nuevo accedí, y en la primavera de 1990 empecé a ver abducidos en mi casa y en las consultas del hospital.

Introducción

En los más de tres años y medio que llevo trabajando con abducidos he visto a más de cien individuos remitidos para la evaluación de abducciones u otras experiencias "anómalas". De ellos, setenta y seis (con edades comprendidas entre los dos y los cincuenta y siete años; cuarenta y siete mujeres y veintinueve hombres, incluidos tres niños de ocho años o menos) cumplen los estrictos criterios para un caso de abducción: recuerdo consciente o con ayuda de la hipnosis, de haber sido llevados por seres extraterrestres a una nave extraña, relatado con la emoción adecuada a la experiencia descrita y sin ninguna condición mental aparente que pudiera explicar el relato. Se realizaron entre una y ocho sesiones de hipnosis modificada de varias horas con cuarenta y nueve individuos, y se desarrolló un enfoque terapéutico que se describirá en breve.

Aunque se tiene una gran deuda y un profundo respeto por los pioneros en este campo, como John Hilkins, que han tenido la valentía de investigar y comunicar información que va en contra de la realidad consensuada de nuestra cultura, este libro se basa en gran medida en las propias experiencias de distintos individuos. Porque este es un tema tan controvertido que prácticamente no ha evolucionado ninguna autoridad científica aceptada que pueda utilizar para reforzar mis argumentos o conclusiones.

Introducción

Por lo tanto, se informará de lo que se ha aprendido principalmente de los diversos casos y se harán interpretaciones y sacarán conclusiones sobre la base de esta información.

La experiencia de trabajar con abducidos puede afectar profundamente a cualquier persona. La intensidad de las energías y emociones involucradas cuando los abducidos reviven sus experiencias no se parece a nada que se haya encontrado en otro trabajo clínico. La inmediatez de la presencia, el apoyo y la comprensión que se requiere ha influido en la forma de ver la tarea psicoterapéutica en general. Además, se ha llegado a ver que el fenómeno de la abducción tiene importantes implicaciones filosóficas, espirituales y sociales. Sobre todo, más que cualquier otra investigación que se haya emprendido, este trabajo me ha llevado a desafiar la visión del mundo o la realidad consensuada predominante en la que había crecido y que siempre se había aplicado en los esfuerzos clínicos/científicos. Según este punto de vista -llamado de diversas maneras paradigma científico occidental, newtoniano/cartesiano o materialista/dualista- la realidad se basa fundamentalmente en el mundo material o en lo que se puede percibir por los sentidos físicos. Según este punto de vista, la inteligencia es en gran medida un fenómeno del cerebro de los seres humanos o de otras especies avanzadas.

Introducción

Si, por el contrario, la inteligencia se experimenta como algo que reside en el cosmos más amplio, esta percepción es un ejemplo de "subjetividad" o una proyección de nuestros procesos mentales.

Lo que el fenómeno de la abducción me ha llevado (ahora diría que inevitablemente) a ver es que participamos en un universo o universos que están llenos de inteligencias de las que nos hemos aislado, al haber perdido los sentidos por los que podríamos conocerlas.

También me ha quedado claro que nuestra restringida visión del mundo o paradigma está detrás de la mayoría de los principales patrones destructivos que amenazan el futuro de la humanidad: la adquisición corporativa sin sentido que perpetúa las enormes diferencias entre ricos y pobres y contribuye al hambre y la enfermedad; la violencia etnonacional que da lugar a matanzas masivas que podrían convertirse en un holocausto nuclear; y la destrucción ecológica a una escala que amenaza la supervivencia de los sistemas vivos de la Tierra.

Existen, por supuesto, otros fenómenos que han llevado a cuestionar la visión materialista/dualista del mundo imperante.

Introducción

Entre ellos están las experiencias cercanas a la muerte, las prácticas de meditación, el uso de sustancias psicodélicas, los viajes chamánicos, la danza extática, los rituales religiosos y otras prácticas que abren nuestro ser a lo que en Occidente llamamos estados no ordinarios de conciencia. Pero ninguna de ellas, creo, nos habla tan poderosamente en el lenguaje que mejor conocemos, el del mundo físico. Porque el fenómeno de la abducción nos llega, por así decirlo, allí donde vivimos. Entra con dureza en el mundo físico, sea o no de este mundo. Su poder, por tanto, para alcanzar y alterar nuestra conciencia es potencialmente inmenso.

Todas estas cuestiones se discutirán con más detalle en los ejemplos de casos clínicos que constituyen la mayor parte de este libro.

Una de las cuestiones importantes en la investigación de la abducción ha sido si el fenómeno es fundamentalmente nuevo -relacionado con los avistamientos de "platillos volantes" y otros objetos voladores no identificados (OVNI) en la década de 1940 y el descubrimiento en la década de 1960 de que estas naves tenían "ocupantes"- o no es más que un capítulo moderno en una larga historia de la relación de la humanidad con vehículos y criaturas que aparecen desde los cielos que se remonta a la antigüedad.

1

Profundizando alrededor de las abducciones

LA CONEXIÓN entre los seres humanos y los seres de otras dimensiones se ha ilustrado en mitos e historias de diversas culturas durante milenios. En contradicción con la metafísica posterior al Renacimiento, predominante en las sociedades occidentales, que sitúa al hombre en el centro de la creación, por encima y separado de otras formas de vida, hay pueblos en todo el mundo que acostumbran a comunicarse con inteligencias y espíritus no humanos a través de diversos medios.

Estas comunicaciones y los mitos que generan son parte integrante de las cosmologías de muchas culturas no occidentales, constituyendo para cada una de ellas una especie de esqueleto ontológico sobre el que pende el equilibrio de la cultura, las costumbres y el estilo de vida.

A lo largo de la historia, muchas sociedades han reconocido la conciencia como algo más potente que nosotros en Occidente, como un tamiz o receptor y transmisor de comunicación con fuerzas, no siempre visibles, distintas de nosotros mismos. El principio occidental contemporáneo de que estamos solos en el universo, que sólo conversamos con nosotros mismos, es, de hecho, una perspectiva minoritaria, una anomalía.

A lo largo de muchas épocas, los humanos han informado de que han entrado en contacto con multitud de dioses, espíritus, ángeles, hadas, demonios, demonios, vampiros y monstruos marinos. Se dice que todos ellos instruyen, dirigen, acosan o se hacen amigos de los humanos con diferentes disposiciones, motivos y propósitos. Aunque muchos de estos seres han parecido estar en casa en la Tierra, la mayoría han hecho sus visitas desde otros hábitats o dimensiones.

. . .

El cielo, en particular, siempre ha sido un refugio popular para los no humanos y ha llegado a representar la dimensionalidad extraterrestre de forma bastante opulenta, especialmente cuando las fronteras de la Tierra parecían, en los últimos tiempos, haberse reducido. Como ha señalado Ralph Noyes, "antes poblábamos la Tierra con espíritus y dioses. Ahora los hemos ahuyentado y el cielo es su refugio".

En Truk, situado en las Islas Marshall, la gente ha creído tradicionalmente en un mundo exterior que se corresponde en cierto modo con nuestra concepción moderna del espacio exterior. Es un mundo de misterio y poder, un mundo del que los habitantes de este mundo derivan su ser. Además, existía un diálogo continuo entre la gente de este mundo y los habitantes del mundo espiritual exterior. Asimismo, los nativos americanos Hopi recibían tradicionalmente enseñanzas de los Kachinas, seres espirituales de otros planetas, que les instruían en técnicas agrícolas y les daban pautas filosóficas y morales que han conformado la cultura Hopi. Los irlandeses creían que las hadas o la gente amable no eran terrenales, pues se habían originado en otros planetas. Las hadas suelen viajar por los cielos en embarcaciones aéreas parecidas a nubes, llamadas "barcos de hadas" o "barcos de espectros".

Mircea Eliade, el renombrado mitólogo, ha documentado ampliamente el significado simbólico de la diferenciación entre el cielo y la Tierra como ilustración tanto de la separación como de la conexión entre los mundos humano y espiritual. Según Eliade, "los mitos arcaicos de todo el mundo hablan de una proximidad extremadamente estrecha que existía primordialmente entre el Cielo y la Tierra. In illo tempore, los dioses bajaban a la Tierra y se mezclaban con los hombres y éstos, por su parte, podían subir al Cielo trepando por la montaña, la enredadera o la escalera, o incluso podían ser llevados por los pájaros".

Estos mitos de la ascensión, dice Eliade, estas imágenes de la tierra y los cielos unidos de alguna manera, se encuentran en muchas tribus (incluidas las australianas, las pigmeas y las árticas) y han sido elaborados por las culturas pastoriles y sedentarias y transmitidos hasta las grandes culturas urbanas de la antigüedad oriental.

Cuando el Cielo se separó bruscamente de la Tierra, cuando el árbol de la Liana que conectaba la Tierra con el Cielo fue cortado, o la montaña que solía tocar el cielo fue aplanada, entonces la etapa paradisíaca terminó y los humanos entraron en su condición actual.

"En efecto, todos estos mitos nos muestran al hombre primordial gozando de una beatitud, de una espontaneidad y de una libertad, que desgraciadamente ha perdido como consecuencia de la caída -es decir, de lo que siguió a lo mítico que provocó la ruptura entre el Cielo y la Tierra... La inmoralidad, la espontaneidad y la libertad; la posibilidad de ascender al Cielo y encontrarse fácilmente con los dioses, la amistad con los animales y el conocimiento de su lenguaje. Estas libertades y capacidades se han perdido, como resultado de un acontecimiento primordial: la caída del hombre, expresada como una mutación ontológica de su propia condición, así como un cisma cósmico". Sólo los miembros especiales de cada cultura, como los chamanes, podían seguir moviéndose entre el Cielo y la Tierra, entre los humanos y el mundo espiritual.

Los koryaks de Siberia recuerdan la época mítica de su Gran Cuervo, cuando los humanos podían subir al Cielo sin dificultad: en nuestros días, añade, sólo los chamanes son capaces de hacerlo.

. . .

Los Bakairi de Brasil piensan que, para el chamán, el Cielo no es más alto que una casa, por lo que lo alcanza en un abrir y cerrar de ojos.

Hay innumerables mitos, cuentos y leyendas sobre seres humanos o sobrehumanos que vuelan al Cielo y viajan libremente entre el Cielo y la Tierra. De nuevo, según Eliade, "los motivos del vuelo y la ascensión están atestiguados en todos los niveles de las culturas arcaicas, tanto en los rituales y mitologías de los chamanes y los extáticos como en los mitos y el folclore de otros miembros de la sociedad que no pretenden distinguirse por la intensidad de su experiencia religiosa. Un gran número de símbolos y significados que tienen que ver con la vida espiritual y, sobre todo, con el poder de la inteligencia, están relacionados con las imágenes del "vuelo" y las "alas"; todos ellos expresan una ruptura con el universo de la experiencia cotidiana... tanto la trascendencia como la libertad deben obtenerse a través del vuelo".

Parece que los abducidos por OVNIs de hoy en día continúan una tradición ampliamente documentada de ascensión y comunicación extraterrestre.

. . .

Pero las abducciones alienígenas y sus efectos en los abducidos poseen su propia singularidad. Peter Rojcewicz, un folclorista, ha comparado la experiencia de los abducidos o experimentadores actuales con otros fenómenos aéreos y de abducción, y alude a la posibilidad de que exista una inteligencia, un espíritu, una energía, una conciencia detrás de las experiencias OVNI y de los encuentros extraordinarios de todo tipo, que adapta su forma y apariencia para ajustarse al entorno de la época.

Rojcewicz cita la larga historia de avistamientos de fenómenos aéreos inusuales, y de seres u objetos de luz.

En la antigüedad se avistaron "carros celestes, carros que volaban en el cielo, palacios voladores que brillaban y se movían en el cielo...". También hay muchas descripciones de escudos ardientes en el cielo, como triángulos. También se vieron cruces ardientes sobre Europa occidental". También señala la presencia de nubes o luz nublada que rodea a objetos inusuales, incluidos los ovnis, así como la aparición espontánea de imágenes religiosas luminosas en el cielo, frecuentemente presenciadas por miles de personas.

. . .

En Estados Unidos, ya en el siglo pasado, los norteamericanos fueron testigos de barcos -sustituciones y botes- navegando en el cielo. Jerome Clark, tras una cuidadosa investigación de los avistamientos de dirigibles de finales de la década de 1890, llegó a la conclusión de que los vehículos en el cielo que se observaban con frecuencia en Estados Unidos podían estar relacionados con los ovnis contemporáneos, pero interpretados según la tecnología y la mitología de la época.

Según Mario Pazzaglini, un psicólogo que se ha interesado por la experiencia de la abducción durante varios años, se han registrado manifestaciones de naturaleza "asociada a los ovnis" durante los últimos diez mil años, empezando por un grabado de Ezequiel en el Antiguo Testamento en el que se describe una visión que contiene ruedas, ángeles, luz y nubes.

Los fenómenos celestes inusuales también fueron registrados por los romanos, los griegos en el siglo IV y en la Edad Media. Las apariciones, que a veces se manifestaban en forma de estrellas, fuegos en el cielo, cruces, luces o rayos, a menudo simplemente desaparecían o a veces dejaban su huella.

. . .

Muchos de estos avistamientos fueron vistos por miles de personas e interpretados como milagros religiosos. A menudo, estos fenómenos encajan perfectamente en las creencias espirituales ya existentes de los espectadores.

El fenómeno de los humanos transportados a otras dimensiones también tiene una larga historia en la mayoría de las culturas. Los tibetanos han creído durante mucho tiempo que los humanos podían separarse del cuerpo "etérico" o "sutil" e ir de viaje "fuera del cuerpo" durante horas o días. "Tienen experiencias en diferentes lugares y luego regresan". Los tibetanos distinguen entre diferentes gradaciones de sutileza y grosería, o densidad de los seres. "La mente o la conciencia producida por la materia más grosera no puede comunicarse con estas cosas sutiles. En algunas, se ve cómo el nivel más burdo de la mente se somete y la mente más sutil se activa. Entonces hay una oportunidad, una posibilidad de comunicarse o a veces de ver a otro ser que es más sutil que nuestra mente o cuerpo". Ejemplos contemporáneos de este tipo de entidades en Occidente podrían ser los "espíritus guía" de los que hablan muchas personas. Las descripciones de estos espíritus que se aparecen a los individuos o a los intermediarios varían mucho.

. . .

Rojcewicz incluye las abducciones por OVNIs dentro de una amplia gama de experiencias paranormales, que incluyen experiencias cercanas a la muerte; poderosas experiencias psíquicas, espirituales, místicas y fuera del cuerpo; y encuentros con una serie de seres -como brujas, hadas, hombres lobo- que a menudo resultan, para un individuo, en una transformación sustantiva de valores y orientación. La cuestión de si estos sucesos se producen y por qué, por supuesto, sigue sin respuesta. Hay mucho debate incluso sobre cómo plantear estas cuestiones.

La cuestión más debatida, la de si las abducciones tienen lugar realmente, nos lleva al centro de las preguntas sobre la percepción y los niveles de conciencia. La cuestión más evidente es si existe alguna realidad independiente de la conciencia. En el nivel de la conciencia personal, ¿podemos aprehender la realidad directamente, o estamos necesariamente atados por las restricciones de nuestros cinco sentidos y la mente que organiza nuestra visión del mundo? ¿Existe una conciencia colectiva compartida que opera más allá de nuestra conciencia individual? Si existe una conciencia colectiva, ¿cómo se influye en ella y qué determina su contenido? ¿Es la abducción OVNI un producto de esta conciencia compartida?

Si, como en algunas culturas, la conciencia impregna todos los elementos del universo, ¿qué función desempeñan acontecimientos como las abducciones de ovnis y las diversas experiencias místicas en nuestra psique y en el resto del cosmos?

Son preguntas que no tienen fácil respuesta. Quizás todo lo que podemos hacer en este momento es reconocer las preguntas mientras escuchamos las experiencias de aquellos que han ido más allá de nuestras ideas culturalmente compartidas de la "realidad". La experiencia de la abducción OVNI, aunque única en muchos aspectos, se parece a otras experiencias dramáticas y transformadoras vividas por chamanes, místicos y ciudadanos comunes que han tenido encuentros con lo paranormal. En todos estos ámbitos experienciales, la conciencia ordinaria del individuo se transforma radicalmente. El individuo se inicia en un estado no ordinario del ser que resulta, en última instancia, en una reintegración del yo, una inmersión o afianzamiento en estados y/o conocimientos no accesibles anteriormente. A veces el proceso es provocado por una enfermedad o un acontecimiento traumático de algún tipo, y a veces el individuo es simplemente arrastrado a una secuencia de estados del ser de los que emerge con nuevos poderes y sensibilidades.

"Durante su iniciación, el chamán aprende a penetrar en otras dimensiones de la realidad y a mantenerse en ellas; sus pruebas, cualquiera que sea su naturaleza, le dotan de una sensibilidad capaz de percibir e integrar estas nuevas experiencias... a través de los sentidos extrañamente agudizados del chamán se manifiesta lo sagrado". Como muchos abducidos, el iniciado afina su nueva sensibilidad al servicio de la sabiduría que puede utilizar su pueblo.

La revelación no sólo es accesible para quienes persiguen la iluminación, sino que puede llamar a cualquier puerta en cualquier momento. A principios de este siglo, un tal Dr. Buche describió lo que parece ser un cierto tipo de experiencia arquetípica: "Él y dos amigos habían pasado la tarde leyendo a Wordsworth, Keats, Browning y, sobre todo, a Whitman. Se encontraba en un estado de disfrute casi pasivo. De repente, sin aviso de ningún tipo, se encontró envuelto, como si fuera, por una nube de color fuego... Lo siguiente que supo fue que la luz estaba dentro de él. Inmediatamente después le sobrevino una sensación de exaltación, de inmensa alegría acompañada o seguida de una iluminación intelectual imposible de describir.

. . .

En su cerebro fluyó un relámpago momentáneo de esplendor brahmánico, dejándole desde entonces para siempre un regusto del Cielo".

La experiencia de interiorizar lo que primero se percibe como luz externa ocurre con frecuencia durante los destellos místicos o los viajes trascendentales que dan lugar al renacimiento espiritual. Tal vez se pueda establecer una analogía con los encuentros con OVNIs en los que el abducido es inicialmente "golpeado por un rayo de luz", espía una nave brillante y luego es llevado al interior. Los abducidos brasileños, en particular, parecen haber percibido nubes iluminadas, frecuentemente de color rojo, en asociación con naves espaciales.

El místico o el chamán, al igual que el abducido, realiza una peregrinación, normalmente con ardor, para recibir una nueva dimensión de experiencia o conocimiento. Esto implica un renacimiento que a veces es muy angustioso, una vuelta sobre los propios pasos a un escenario preternatural y primordial para reacondicionar la conciencia del experimentador. El caos psíquico resultante es una metáfora del caos precosmogénico, amorfo pero penetrante, al que ha estado expuesto el individuo.

El abducido es un Dante moderno, cuyos fundamentos ontológicos se desvelan. Cuando regresa a su cama o a su coche tras su estancia con los alienígenas, se esfuerza por recomponer su visión del mundo. La mayoría de las veces, emprende su viaje solo, y muchas veces su ausencia ni siquiera es advertida por aquellos a los que podría acudir para corroborar sus coordenadas.

Jacques Vallee, tal vez el investigador más completo de la ufología transcultural, analiza la historia internacional de los encuentros con ovnis en sus dos libros *Dimensions* y *Passport to Magonia*. Describiendo cientos de avistamientos de extraños objetos nacidos en el cielo y sus ocupantes a lo largo del tiempo, de los continentes y de las sociedades, cita la presencia aparentemente inexplicable de discos en la simbología de diversas civilizaciones: los fenicios y los primeros cristianos, por ejemplo, los asociaban con comunicaciones entre ángeles y Dios. Compara parte de la fenomenología de un encuentro OVNI con los registros históricos de experiencias de naturaleza mística. Los rayos de luz suelen desempeñar un papel tanto en los encuentros con ovnis como en los encuentros extracorporales.

. . .

En cuanto a los propios seres, Vallee establece muchas analogías con los avistamientos en todo el mundo de seres no humanos, que cambian de forma y que son adeptos a la aviación a lo largo de la historia.

Estos seres se aparecen a la humanidad en miles de formas diferentes; poseen poderes extraordinarios y con frecuencia pretenden participar y/o llevarse algo que pertenece a los humanos, deseando comunicarse con ellos o simplemente jugar con ellos.

Y concluye: "Los ocupantes de los ovnis, como los duendes de antaño, no son extraterrestres. Son habitantes de otra realidad". Vallee cree que la interacción de los abducidos con los extraterrestres forma parte de "un mito antiguo y mundial que ha moldeado nuestras estructuras de creencias, nuestras expectativas científicas y nuestra visión de nosotros mismos".

Escribe: "El mismo poder que se atribuye a la gente de los platillos era antes propiedad exclusiva de las hadas".

. . .

Vallee establece un paralelismo entre las apariciones religiosas, la fe de las hadas, los informes de seres parecidos a los enanos con poderes sobrenaturales, los relatos de dirigibles en Estados Unidos en el siglo pasado y las historias actuales de aterrizajes de ovnis.

Especula ampliamente:

"¿O deberíamos plantear la hipótesis de que una raza avanzada en algún lugar del universo y en algún momento del futuro nos ha estado mostrando óperas espaciales tridimensionales durante los últimos dos mil años, en un intento de guiar a nuestra civilización? Si es así, ¿merecen nuestras felicitaciones? . . . ¿Se trata más bien de un universo paralelo, de otra dimensión, en la que viven razas humanas, y a la que podemos ir a costa nuestra, para no volver nunca al presente? ¿Son estas razas sólo semihumanas, de modo que para mantener el contacto con nosotros necesitan el mestizaje con hombres y mujeres de nuestro planeta?

¿Es éste el origen de los numerosos cuentos y leyendas en los que la genética desempeña un gran papel: el simbolismo de la Virgen en el ocultismo y la religión, los cuentos de hadas que implican a parteras y mutantes humanos, las connotaciones sexuales de los informes sobre platillos volantes, los relatos bíblicos sobre los matrimonios mixtos entre los ángeles del Señor y las mujeres terrestres, cuya descendencia eran gigantes? ¿Desde ese universo misterioso, los seres superiores proyectan objetos que pueden materializarse y desmaterializarse a voluntad? ¿Son los ovnis "ventanas" en lugar de "objetos"? No hay nada que apoye estas suposiciones y, sin embargo, en vista de la continuidad histórica del fenómeno, es difícil encontrar alternativas, a menos que neguemos la realidad de todos los hechos, como preferiría nuestra tranquilidad."

Cuando los hechos son escasos, inconsistentes o dispares, los seres humanos, asegura Vallee, se apresuran a llenar los vacíos. "Debido a que muchas observaciones del fenómeno OVNI parecen autoconsistentes y al mismo tiempo irreconciliables con el conocimiento científico, se ha creado un vacío lógico que la imaginación humana trata de llenar con fantasía".

En última instancia, Vallee prescribe que permanezcamos abiertos a aprender de los fenómenos que aún no comprendemos.

. . .

"Estas observaciones inexplicables no tienen por qué representar una visita de los visitantes del espacio, sino algo aún más interesante: una ventana hacia dimensiones no descubiertas de nuestro entorno. Creo que el fenómeno OVNI representa la evidencia de otras dimensiones más allá del espacio-tiempo; los OVNIs pueden no provenir del espacio ordinario, sino de un multiverso que está a nuestro alrededor, y del que nos hemos negado obstinadamente a considerar la inquietante realidad a pesar de las pruebas de que disponemos desde hace siglos".

Otra cuestión se refiere a la distribución mundial de las abducciones, o de los informes sobre el fenómeno, que puede ser una cuestión muy diferente. Las abducciones OVNI se han reportado y recogido con mayor frecuencia en los países occidentales o en los países dominados por la cultura y los valores occidentales. En la medida en que el fenómeno de las abducciones puede verse como algo que ocurre en el contexto de la crisis ecológica global, que es un resultado de la visión materialista/dualista del mundo de Occidente, puede ser que su "medicina" se esté administrando principalmente donde más se necesita, en los Estados Unidos y los demás países industriales occidentales.

. . .

Relacionado con esto estaría el hecho de que en muchas culturas la entrada en el mundo físico de vehículos, e incluso el contacto con criaturas, aparentemente del espacio o de otra dimensión, no sería tan notable como en las sociedades en las que el tráfico del mundo de los espíritus o del "mundo del más allá" a nuestra existencia física se consideraría notable.

La primera publicación de un caso de abducción tuvo lugar en Brasil, con la supuesta abducción del hijo de un ganadero, Antonio Villas-Boas, en 1957. Sin embargo, los informes de avistamientos de ovnis en todo el mundo superan con creces los relatos de abducciones reales. La guía más completa sobre abducciones en el extranjero fue elaborada en 1987 por Thomas Bullard, un folclorista de la Universidad de Indiana.

Bullard enumera las abducciones reportadas en diecisiete países, incluyendo Argentina, Australia, Bolivia, Brasil, Canadá, Chile, Inglaterra, Finlandia, Francia, Polonia, Sudáfrica, la Unión Soviética, España, Uruguay y Alemania Occidental.

. . .

Estados Unidos lidera el número de abducciones, seguido de Inglaterra y Brasil, en gran parte debido a la disponibilidad de hipnotizadores y terapeutas que trabajan con los abducidos en estos países. Para ilustrar este punto, China se jacta de tener el mayor número de testigos de un solo avistamiento OVNI -el 24 de agosto de 1981, un millón de chinos vieron simultáneamente un OVNI en forma de espiral (Chiang 1993)- pero no hay registro de ningún interrogatorio de seguimiento de los testigos individuales.

Sin embargo, la exploración terapéutica de las experiencias de abducción se está imponiendo gradualmente. En mayo de 1993, la segunda cadena de televisión más importante de Alemania presentó un documental de cuarenta y cinco minutos sobre el fenómeno de las abducciones, que ganó el premio más importante de la televisión alemana. Aunque dos terapeutas ofrecieron sus servicios gratuitamente a los abducidos tras la emisión, sólo veinte personas han respondido. Al igual que en otros lugares, la abducción sigue siendo una experiencia aterradora a la que muchos prefieren no enfrentarse a menos que los síntomas resultantes del encuentro les obliguen a hacerlo.

. . .

Abducciones Alienígenas

Incluso los relatos de los avistamientos de ovnis están, en todo el mundo, envueltos en el secreto. Los archivos OVNI del Ministerio de Defensa de España se hicieron públicos en 1992. Estos contienen, en su mayoría, informes de avistamientos realizados por personal del Ejército del Aire. Queda mucho trabajo por hacer para persuadir a otras naciones de que abran igualmente los archivos clasificados sobre el tema.

En algunos países, donde la gente tiene todo tipo de creencias en seres sobrenaturales, las experiencias de abducción se confunden o simplemente se relacionan con otras visitas. Cynthia Hind, una investigadora sudafricana, informa: "Sus reacciones son como quizás los occidentales reaccionarían ante los fantasmas; no necesariamente aterrorizados (o no siempre) pero ciertamente recelosos de lo que ven".

Los abducidos en el extranjero parecen tener contacto con una mayor variedad de entidades que los estadounidenses. Éstas van desde hombres diminutos hasta seres altos y encapuchados, e incluyen individuos desnudos de ambos sexos y seres humanoides con todo tipo de formas de cabeza, pies y manos.

. . .

Una pareja holandesa describió recientemente a sus visitantes OVNIs como diminutos y que aparecían en tonos de arco iris: verde, naranja y púrpura.

Pero las propiedades universales de la experiencia de abducción permanecen. En la mayoría de los casos, los abducidos de todo el mundo se sienten atraídos por una luz poderosa, a menudo mientras conducen o duermen en sus camas. Invariablemente, más tarde son incapaces de dar cuenta de un período de tiempo "perdido", y con frecuencia llevan cicatrices físicas y psicológicas de su experiencia. Éstas van desde pesadillas y ansiedad hasta agitación nerviosa crónica, depresión e incluso psicosis, pasando por cicatrices físicas reales: marcas de pinchazos e incisiones, rasguños, quemaduras y llagas.

Algunos encuentros son más siniestros, traumáticos y misteriosos. Otros parecen tener una intención curativa y educativa. La mayoría de las veces, dicen los abducidos, los seres o personas les dicen o advierten que no cuenten sus experiencias. En Puerto Rico, Miguel Figueroa, por ejemplo, dijo haber recibido llamadas telefónicas amenazantes el día después de haber visto a cinco hombres pequeños y grises en medio de la carretera.

Las consecuencias de la experiencia están aún menos documentadas que las propias abducciones. Al trabajar con abducidos, Gilda Moura, una psicóloga brasileña, informa sobre las habilidades paranormales que muchos abducidos brasileños experimentan después de un encuentro. Entre ellas se encuentran el aumento de las capacidades telepáticas, la clarividencia, las visiones y la recepción de mensajes espirituales que suelen estar relacionados con la ecología mundial, el futuro de la humanidad y la justicia social. Muchos abducidos deciden cambiar de profesión tras su experiencia (Moura, en prensa).

Es probable que con la divulgación de las técnicas terapéuticas y de hipnosis que se están desarrollando actualmente en los Estados Unidos, en los próximos años se disponga de mucha más información sobre las experiencias de abducción en el extranjero, ya que el resto del mundo no carece ciertamente de conciencia sobre el fenómeno OVNI, como lo demuestra la proliferación de oficinas, despachos y organizaciones de investigación OVNI en el extranjero.

2

¿No crees en los OVNIs?

Sheila N. era una trabajadora social de cuarenta y cuatro años cuando, en el verano de 1992, un psiquiatra del hospital en el que había hecho sus prácticas poco antes la animó a ponerse en contacto.

Buscaba comprensión y alivio del estrés de lo que ella llamaba "sueños eléctricos", que habían comenzado más de ocho años antes, tras la muerte de su madre. El psiquiatra al que Sheila había acudido durante siete años la animó a verme, pero fue el conocimiento y el interés del psiquiatra del hospital por mi trabajo lo que nos unió. El caso de Sheila ilustra algunos de los problemas a los que se enfrentan los psiquiatras y otros profesionales de la salud mental cuando trabajan con personas secuestradas.

Sheila había estado muy unida a su madre, por lo que su muerte y los sucesos que rodearon la hospitalización de siete días en enero de 1984 que condujeron a ella fueron profundamente perturbadores para Sheila.

La madre de Sheila había sufrido un ataque al corazón cinco años antes y en 1984 fue hospitalizada para someterse a una endarterectomía, un procedimiento quirúrgico destinado a despejar el flujo sanguíneo de las arterias coronarias. Al principio le fue bien, pero luego sufrió una hemorragia cerebral que la llevó a la muerte varios días después. Sheila no pudo averiguar la relación entre la operación y sus complicaciones mortales, y sintió que los médicos fueron bruscos y poco atentos con su madre. También sintió que su madre fue mantenida innecesariamente con soporte vital cuando ya no había esperanza y que, por lo tanto, le robaron su dignidad. Este trato insensible fue especialmente preocupante para Sheila en vista de la historia de incesto entre su madre y el padre de ésta. En palabras de Sheila, a su madre le habían "robado la dignidad en su infancia por las exigencias sexuales de su padre". Sheila también estaba enfadada y triste por el hecho de que la tumba de su madre siguiera abierta con la tapa de la bóveda a la vista y sólo se cubriera con tierra tres días después de su entierro.

Tras la muerte de su madre se produjo una división entre Sheila y su marido, que ella consideraba incapaz de apoyar adecuadamente en su dolor. "Jim no puede lidiar con la enfermedad. Tiene que ser feliz", dijo.

En los días posteriores al funeral de su madre, Sheila sufrió mucho. Caminaba por las calles de noche, sintiéndose muy irritable, como si "nada pudiera hacerle más daño", pero sin poder llorar. Sheila escribió en su diario el 9 de febrero, cuatro semanas después de la operación de su madre, sobre la actividad en el cielo nocturno: "más aviones que coches". También empezó a tener sueños recurrentes en los que experimentaba terror, era incapaz de moverse y sentía su cuerpo como si vibrara o estuviera "lleno de electricidad". Al principio los llamaba "sueños espirituales" y le hacían sentir que alguien o algo más controlaba su cuerpo, como si estuviera "poseída" por demonios. Más tarde pensó que los sueños eran convulsiones. "En este momento [justo antes de conocernos] los describo como si la electricidad viajara por todo mi cuerpo. Independientemente del nombre, la experiencia de estos sueños no ha cambiado". Los sueños ordinarios, según Sheila, son "más fragmentados", mientras que en un sueño en el que veía seres extraterrestres, parecía haber "una progresión natural en una determinada dirección".

Uno de los sueños, que Sheila cree que ocurrió en marzo de 1984, unas diez semanas después de la muerte de su madre, era diferente de los demás en cuanto a ciertos detalles recordados. En previsión de nuestro primer encuentro, me escribió sobre él.

Me desperté con un ruido muy fuerte y luces intermitentes. El ruido era un sonido agudo y se mantuvo en ese tono durante todo el tiempo. Me llamó la atención la precisión de las luces rojas intermitentes. Las puertas de otros dormitorios y la del baño estaban abiertas.

Podía ver a lo largo del pasillo y parecía que las luces entraban por las ventanas de todos los lados de la casa al mismo tiempo.

En ese momento estaba tumbado de espaldas. Estaba muy asustada. Finalmente me levanté sobre los codos.

Vi varias cosas pequeñas, parecidas a personas, caminando por el lado derecho del pasillo, una detrás de otra. Parecía que todo su cuerpo era de color plateado.

. . .

Noté algo de azul en el primero de la fila, debajo de su hombro derecho. Parecía ser el reflejo de algo, aunque no hay nada azul en el pasillo. Eran bajitos, con brazos y piernas delgados. Cuando se acercaron al dormitorio, el tercero o cuarto de la fila levantó la mano derecha.

Sabía que venían hacia mí, pero nunca los había visto antes. Parecía que se tambaleaban (más tarde se demostró que esto era un artefacto del patrón de luz intermitente). Eran muy torpes en sus pies [también relacionado con las luces intermitentes].

En octubre de 1984, nueve meses después de la muerte de su madre, el distanciamiento de Sheila con su marido había llegado al punto de sentir que tenía que mudarse a una habitación separada. "Intenté en varias ocasiones discutir la base de mi tristeza con mi marido.

Él no me escucha".

Tampoco sentía que pudiera contarle sus extraños sueños y se mudó del dormitorio en parte para "protegerlo" y "permitirle dormir".

Él no protestó cuando Sheila se mudó, y desde entonces no han vuelto a dormir en la misma habitación.

Poco después, Sheila pidió al párroco de su iglesia metodista que la remitiera a psicoterapia, pero surgieron dificultades cuando el terapeuta insistió, en contra de sus deseos, en hablar con el pastor sobre ella.

Frustrada por la falta de progreso en sus citas semanales y sintiéndose incapaz de confiar en su terapeuta, la desesperación de Sheila se hizo más profunda.

En julio de 1985 se enteró de que los médicos del pastor, al que se sentía muy unida, le habían dicho que su esperanza de vida era de tres a cinco años debido al cáncer que le habían diagnosticado cuatro meses antes.

Además de la pérdida de su madre y de la enfermedad mortal del pastor, desde noviembre de 1983 Sheila también había experimentado la muerte de otros amigos y familiares cercanos.

. . .

Al negarse a atender las peticiones de Sheila, su terapeuta seguía insistiendo en hablar con el pastor y su marido de su trabajo con él.

Sintiéndose desesperadamente despojada y sola, el 17 de julio de 1985, Sheila compró un frasco de aspirinas e ingirió veinte comprimidos con "toda la intención de tomarlos todos". Salvo un malestar físico general y un zumbido en los oídos, no sufrió ningún efecto adverso. Poco antes de que la viera por primera vez, Sheila me escribió que "el suicidio no es mi estilo típico de afrontamiento" y "quiero asegurarle que no es mi intención rendirme en ninguna circunstancia".

Poco después de este episodio, Sheila empezó a ver a un psiquiatra, el Dr. William Waterman. Aunque parecía haber resuelto su dolor por la muerte de su madre, Sheila seguía sin sentirse más cerca de comprender u obtener alivio de los sueños eléctricos, que seguían atormentándola. Uno de ellos, especialmente perturbador, ocurrió en la víspera de Año Nuevo de 1989. Ella había estado durmiendo en el piso de abajo, mientras su hija, Beverly, y Jim estaban en sus habitaciones de arriba.

. . .

Al igual que en 1984, oyó un fuerte ruido y se incorporó sintiendo su cuerpo "lleno de electricidad...". Algo me obligó a bajar", pero no recuerda haber vuelto a ver "las pequeñas cosas parecidas a la gente". Seis meses después del episodio de Nochevieja, Sheila escribió al Dr. Waterman: "Antes del 1 de enero de 1990, pensaba que todos esos "seres" que entraban en mi habitación eran sólo símbolos en un sueño. Desde entonces, he llegado a reconocer la hostilidad y la agresión que experimenté con ello como una conexión con los 'sueños espirituales' recurrentes. En mi sueño, esos 'whatevers' significaban negocios, y yo también".

Un artículo que Sheila vio en su periódico local en 1985, y que posteriormente recuperó, describía avistamientos de ovnis en el pueblo donde estaba enterrada su madre. Como escribió al Dr. R., uno de los médicos a los que acudió posteriormente para recibir hipnoterapia, "este artículo me hizo cuestionar cualquier implicación de mi madre en todo esto". Más tarde, ella uniría los avistamientos con lo que había oído, leído o visto sobre las abducciones y empezó a cuestionar si, de hecho, sus sueños eléctricos eran sueños en absoluto y si era realmente cierto que su continuo miedo a la noche estaba relacionado con el dolor retrasado por la muerte de su madre.

El 14 de julio de 1990, Sheila escribió al Dr. Waterman: "Ya le dije hace tiempo que estoy firmemente convencida de que estos sueños van mucho más allá de la pérdida, pero simplemente no tenía nada más que añadir".

Decidida a "vencer mi miedo a la noche cueste lo que cueste" y deseando desesperadamente "poner fin a estos sueños", Sheila y el Dr. Waterman exploraron otros enfoques, especialmente formas de descubrir recuerdos enterrados. Consideraron y rechazaron la posibilidad de una entrevista con Amytal. Finalmente, y con reticencias por parte de Sheila, en el verano de 1990, por recomendación del Dr. Waterman, se puso en contacto con un psiquiatra, el Dr. G., de un hospital universitario de Boston, especializado en el uso terapéutico de la hipnosis, para explorar el origen de sus síntomas y obtener alivio de su ansiedad. Le pidió a otro psiquiatra, el Dr. R., que estaba interesado en aprender más sobre la hipnosis, que llamara a Sheila.

Un cuidadoso estudio del caso de Sheila incluyó, además de la historia, una evaluación neuropsicológica de una posible epilepsia del lóbulo temporal y un estudio del sueño durante toda la noche.

En su nota en la que remitía a Sheila a neurología conductual, el Dr. R. escribió que en uno de los sueños de Sheila: "está sentada en su cama y ve varias figuritas: la primera estaba a los pies de su cama y la segunda junto a la puerta. Caminaban de forma torpe y tenían la forma de un pequeño cuerpo humanoide". En otro sueño, continuó, "está acostada con una manta encima y vio a dos de estos pequeños seres de pie sobre ella". El psicólogo que realizó la evaluación neuropsicológica describió los trastornos del sueño de Sheila, pero señaló que "niega otros síntomas actuales de depresión."

La psicóloga reunió un incidente del instituto en el que Sheila sufrió una pequeña lesión en el lado derecho de la cabeza que le provocó náuseas y sensibilidad a la luz durante varios días con cierta dificultad para concentrarse durante las pruebas, "variabilidad del funcionamiento atencional" e "inquietud motora" y sugirió "un posible diagnóstico de Trastorno por Déficit de Atención e Hiperactividad". Sheila escribió en el margen de una copia del informe que me envió junto a estas palabras: "Nunca creeré que esto sea cierto en mi caso".

Observando la tensión de Sheila durante el examen, además de su historial, los psicólogos también consideraron la posibilidad de un "trastorno de ansiedad" y un trastorno de estrés postraumático "dado el trauma de la muerte de su madre, su experiencia de pesadillas y su exagerada respuesta de sobresalto." Sin embargo, concluyeron que "las pruebas de inteligencia revelaron que la Sra. N. era una mujer muy brillante que funcionaba en un rango superior a la media". Un estudio del sueño de toda la noche no encontró "nada destacable, excepto ansiedad y poco sueño".

Según sus registros, entre agosto de 1990 y julio de 1992, Sheila tuvo veinticuatro citas con el Dr. R. y/o el Dr. G., que incluían al menos siete sesiones de hipnosis.

Las citas eran generalmente de una hora y la hipnosis oscilaba entre quince y veintidós minutos.

En una carta que me envió, el Dr. G. escribió sobre la preocupación de Sheila cuando la vio por primera vez por el hecho de que la bóveda se dejara abierta durante la noche y dijo que ella expresó su tristeza por la muerte de su madre y por otros aspectos de la historia registrada aquí.

. . .

En su diario, Sheila escribió que el Dr. G. le advirtió en 1991 que aunque la hipnosis podía ser beneficiosa para "producir nuevo material", no "garantiza un recuerdo preciso" y "puede ser una extensión de una fantasía o experiencia personal." El tratamiento se centró en el impacto de la cirugía, la muerte y el funeral de su madre, y en enfoques cognitivos/conductuales destinados a reducir la angustia de sus "sueños", especialmente afirmándose a sí misma que "no eran la realidad". "Nunca me sentí segura", dijo Sheila sobre este proceso de tratamiento. En mayo de 1992, Sheila aceptó una prescripción de Klonopin, 0,5 mg, para combatir su ansiedad, y en junio de un antidepresivo, Wellbutin, 100 mg, para tomar a la hora de acostarse.

Siguió tomando ambos medicamentos hasta principios de agosto.

En opinión de Sheila, el Dr. G. siguió relacionando sus sueños con la depresión. En su carta a mí, el Dr. G. subrayó que la hipnosis puede no conducir a recuerdos precisos y también escribió que "si está o no sujeta a delirios o creencias profundamente religiosas es igualmente difícil de responder".

. . .

Dijo que mi disposición a aceptar lo que dicen personas como Sheila era "mucho más que neutralidad", y argumentó que aunque mi amabilidad, simpatía y apoyo hacia Sheila puede haber conducido a una mejora terapéutica, eso "no confirma necesariamente las teorías que rodean a los ovnis y las abducciones." Discutí todas estas cuestiones en una reunión con el Dr. G., quien generosamente accedió a programar una Gran Ronda en su hospital para discutirlas más a fondo en un entorno académico médico. Durante las concurridas rondas, se discutieron las cuestiones planteadas por el caso de Sheila. El Dr. G., basándose en sus investigaciones en otros tipos de casos, volvió a dudar de que la hipnosis pudiera dar credibilidad a los informes de abducción de Sheila.

Sheila le dijo a Julia, otra secuestrada con la que habló largo y tendido antes de que yo pudiera verla, que bajo hipnosis vio "un esqueleto sin nariz ni boca", un "rizador" con un mango y una punta de lápiz giratoria "como un taladro", un rectángulo de doce por dieciocho pulgadas de largo del color de la masa pastelera con hendiduras cortadas en hileras que le crearon mucho miedo, y también recordó que le habían estirado los brazos y se los habían atado con tubos de goma.

En las notas que me envió a principios de enero de 1993, Sheila escribió: "No hablé de estas cosas con el Dr. G. a medida que ocurrían porque temía que las rechazara y me quedara sola con ellas. Sí que le hablé de estos hechos colectivamente mucho después. Me preguntó cómo había respondido a ellos en ese momento. Le dije que lo sustituí inmediatamente por una visión de un hermoso jardín de flores lleno de colibríes. Lo comentó favorablemente y yo percibí su comentario como un estímulo para alejarme del miedo".

En algún momento del curso de la evaluación y el tratamiento, en respuesta a que le mostrara el artículo sobre el avistamiento de ovnis en 1985, Sheila me dijo que el Dr. G. había dicho: "Personalmente, no creo en los ovnis". En dos ocasiones en las que estaban a solas, según Sheila, el Dr. R. dijo: "No crees realmente en los marcianos, ¿verdad?". Dice que nunca utilizó la palabra "marcianos" y que estos comentarios le parecieron "condescendientes" y que minaron su confianza en él. (El Dr. G. y el Dr. R. dicen que no hicieron esas declaraciones).

. . .

Sheila me escribió sobre lo difícil que era para ella desafiar a "un profesional" con lo que consideraba que eran errores. "Quería tanto la ayuda, y siempre tenía miedo de perderla", escribió, "incluso cuando reconocía que no me estaban ayudando en absoluto". El 31 de julio de 1992, escribió a ambos psiquiatras poniendo fin a su trabajo con ellos. Dice que hubiera preferido hablar con cada uno de ellos en persona, pero "teníamos dificultades para programar el tiempo cuando asumí el pleno empleo." Ambas cartas, de las que me ha dado copias, son agradecidas, corteses y francas. Al Dr. G. le escribió sobre "momentos en los que he sentido una falta de comprensión y aceptación...". Con el tiempo", afirmó, "he llegado a pensar que existe una relación entre el sueño único y los que se repiten. Quería desesperadamente creer lo contrario.

Simplemente no tiene sentido en el mundo tal y como lo conozco. Tengo la sensación de que una comprensión más clara de esta relación es la única forma de experimentar la liberación de todo ello." También señaló una paradoja en relación con el sueño de marzo de 1984 y se preguntó: "¿Por qué me quedé dormida cuando todos los demás sueños aterradores me despiertan? ¿Por qué el escenario de este era mi dormitorio si es allí donde estaba cuando tuve este sueño?".

Y, por último, la pregunta definitiva: "¿Fue una experiencia real y, de ser así, qué ocurrió que me resulta tan doloroso recordar?".

En su carta al Dr. R. le agradeció la sensación de seguridad que le había proporcionado su presencia durante las sesiones de hipnosis, y luego exploró más que en la carta al Dr. G. la sensación de actualidad que tenía de los seres en su habitación en el episodio de 1984 y el patrón aparentemente intencionado de su despliegue por la habitación. También se hizo eco de la experiencia de tantos abducidos cuando escribió: "Qué idea tan horrible y aterradora la de no poder proteger a tu propio hijo [en referencia a su sospecha de que Beverly también ha tenido experiencias de abducción] en la intimidad de tu propia casa". Al despedirse, Sheila concluyó: "Creo que nuestro trabajo terminó realmente el día en que el Dr. G. dijo: 'Personalmente, no creo... '

Sé lo que vi, y sólo puedo decir que esta experiencia cambió mi vida. . . Una de las primeras preguntas que me hizo el Dr. G.", continuó, "fue si creía que tenía una imaginación creativa. He tardado ocho años en llegar hasta aquí, así que supongo que mi respuesta es "NO"...

Lo resolveré", terminó, "o moriré en el intento". Al responder a su carta, el Dr. G. le deseó lo mejor a Sheila y la instó a olvidar los sueños más perturbadores lo mejor que pudiera y a tomar un tranquilizante suave para que pudiera obtener "algún respiro" de su angustia.

Poco después de escribir estas cartas, Sheila habló con el Dr. T., el psiquiatra y amigo que la animó a ponerse en contacto conmigo. Sheila declaró que tenía otra agenda, a saber, conectar, posiblemente escribiendo un libro, sus experiencias relacionadas con la abducción con los profesionales de la salud con la cuestión de la satisfacción de los pacientes. Le contó al Dr. T sus experiencias y su lucha por conseguir ayuda para afrontarlas y le dio la cinta de la miniserie, que él apreció mucho. De la experiencia de marzo de 1984 le dijo que existía la "posibilidad de que ya no fuera un sueño". El 12 de agosto, el Dr. T. y Sheila volvieron a reunirse, y para entonces él ya había comparado la historia de Sheila y los casos de los *Intrusos*. Le dijo a Sheila: "Escribir el libro es una forma, pero ésta es otra". Y le dio mi nombre y mi número de teléfono. Al día siguiente llamó a mi oficina.

· · ·

No pude ver a Sheila durante varias semanas y le pedí a mi secretaria que hablara con ella. Se reunieron el 27 de agosto, y Sheila encontró su conversación muy reconfortante; le ayudó a confirmar la posibilidad de una relación entre los sueños eléctricos y la experiencia de marzo de 1984. Sheila dijo que la noche anterior a su encuentro se había despertado sobre las cinco de la mañana "increíblemente asustada", con una inexplicable luz verde que brillaba en su dormitorio a través de un gran ventilador de ventana, creando un efecto de parpadeo e iluminando la pared opuesta a su cama. El encuentro con mi secretaria fue la primera vez que Sheila sintió que alguien la había escuchado y comprendido.

El 1 de septiembre, mi secretaria me dijo que Sheila la había llamado para contarle que la noche anterior había tenido otro sueño eléctrico en el que se había quedado paralizada con un gran dolor en la cadera, donde sentía que le habían introducido una aguja en el hueso. Sentía un miedo y una desesperación intensos y acepté reunirme con ella en cuanto mi agenda me lo permitiera.

. . .

Hablamos largo y tendido por teléfono unos días después, y nuestra primera reunión -una sesión de cuatro horas que consistió en una revisión de la historia de Sheila y una larga sesión de hipnosis- se programó para el 21 de septiembre.

Sheila creció en una pequeña ciudad al oeste de Boston. Es la mediana de cinco hijos. "Mi familia de origen es muy unida", me escribió en una de sus comunicaciones. Su padre era un piloto de líneas aéreas comerciales que se ausentaba mucho cuando Sheila era joven. Aunque está jubilado, sigue viajando mucho, principalmente ahora entre Maine y Florida. No admite haber visto un OVNI, dijo Sheila, "pero tampoco los creería". "Mi madre nunca perdió la oportunidad de instruirnos sobre la etiqueta adecuada en nuestra juventud", me escribió Sheila después de revisar el primer borrador de mi escrito sobre su caso.

"Era una verdadera dama y siempre se esforzó por darnos un buen ejemplo". En opinión de Sheila, su madre "nos protegía mucho" cuando los niños crecían, lo que puede estar relacionado con la historia de incesto.

. . .

De pequeña, Sheila asistió a la iglesia presbiteriana, luego fue a la iglesia congregacional y, en el instituto, empezó a ir con amigos a la iglesia metodista, donde se hizo amiga del pastor que la derivó por primera vez para recibir asesoramiento tras la muerte de su madre.

De niña asistía a la escuela dominical y la Biblia se convirtió en algo importante para ella. Ahora Beverly asiste a una escuela cristiana. Sheila siempre vio a Dios como una "fuente de energía", pero sus experiencias de secuestro o, más exactamente, la forma en que estas experiencias complicaron el proceso de duelo tras la muerte de su madre, desafiaron su fe. Según la Biblia, me dijo poco antes de su primera regresión, "deberías amar a Dios más que a tus padres". Estaba enfadada conmigo misma porque no era así como me sentía".

De niña y adolescente, Sheila tenía inclinaciones musicales y deportivas, y era socialmente activa. "Me gusta estar con la gente", dice. Conoció a su marido, Jim, que ahora es maestro de escuela, cuando ella estaba en segundo de bachillerato y él en la universidad. Después de la universidad, Jim se alistó en el ejército durante tres años y animó a Sheila a salir con otros hombres, cosa que hizo, "pero mi corazón no estaba en ello".

Ella persiguió activamente a Jim, escribiéndole todos los días mientras él estaba en el ejército. "Intentó echarme la culpa a su hermano", pero "simplemente aguanté". Con bastante autodesprecio, dice que cuando Jim salió del ejército "todos sus amigos del instituto y de la universidad se dispersaron, así que sólo quedé yo".

Se casaron en 1970 y Beverly nació en 1975. Sheila dice que el matrimonio fue bien hasta que murió su madre y empezaron los sueños eléctricos. Sheila asistió a la universidad y a la escuela de trabajo social en instituciones de Massachusetts, obteniendo inicialmente su licencia en 1980. Con la persistencia que la caracteriza, cuando las circunstancias lo permitieron, Sheila volvió a la escuela de posgrado y terminó en 1991. En el momento de nuestro primer encuentro, trabajaba en la unidad de psiquiatría de adultos de un hospital general al oeste de Boston.

El primer recuerdo que Sheila tiene de experiencias que podrían estar relacionadas con el fenómeno de la abducción es un incidente que ocurrió antes de que ella tuviera seis años. Ella y su hermano vieron algo durante la noche que llamaron el "Gaw".

. . .

Sheila me escribió más tarde que "El 'Gaw' sin duda tenía la misma apariencia que los seres que entraron en mi habitación" [en 1984]. Otro incidente ocurrió entre los seis y los ocho años. "Vi a alguien salir del armario" de su dormitorio, dijo. Gritó y sus padres entraron, revisaron la habitación y la tranquilizaron diciéndole que había tenido un mal sueño, pero "supongo que tenía mis reservas . . . Sentí que era real". El ser era bastante alto y de aspecto sombrío. Caminó hacia su ventana y desapareció. Hasta el día de hoy, Sheila mantiene la puerta de su armario cerrada. Incluso antes de nuestra primera regresión, Sheila asoció a este ser con las entidades que vio en su habitación en 1984.

"Era lo mismo que entrar en el dormitorio hace ocho años".

Cuando era adolescente, Sheila iba en un coche con su madre y uno o dos de sus hermanos, mientras los otros niños y su padre iban en un segundo coche (con cinco niños tenían que llevar dos coches) en una visita a sus abuelos paternos.

. . .

Todas las personas que iban en el coche en el que iba Sheila vieron una luz brillante que parecía un rayo, pero que era recta, justo por encima y paralela al horizonte. "Fue una de esas cosas que no puedes explicar".

Antes de comenzar la terapia en noviembre de 1984, Sheila compartió su experiencia de marzo de 1984 con su hermana Melissa. Melissa se lo tomó en serio, abrazó a Sheila, le pidió detalles y le contó sus propias experiencias relacionadas. Pero hasta 1989, Sheila seguía descartando la posibilidad de que pudiera ser real. Como señaló: "No es de extrañar que a los que no han experimentado les cueste tanto aceptarlo".

Lo que Melissa le contó a Sheila fue un incidente cuando ella tenía siete u ocho años y Sheila trece o catorce, y vio "algo grande y plateado en el cielo" que la perturbó tanto que temblaba y lloraba. Cuando se lo contó a su padre, éste la despidió diciendo: "Es sólo un dirigible. No te preocupes". De adulta, Melissa continuó preocupada por este recuerdo y buscó ayuda de un hipnoterapeuta, pero cada vez que se acercaba a sacar la experiencia, empezaba a temblar y a llorar de nuevo.

. . .

Melissa, a la que Sheila se siente muy unida ("es maravillosa"), le ha dicho a Sheila que bajo hipnosis ha visto reflejos de diferentes colores en asociación con el objeto, azul en una ocasión y "rosa anaranjado" en otra, pero debido a su terror la hipnosis no ha sido productiva.

Cuando Melissa tenía poco más de veinte años, vio una bola de luz entrar por las puertas correderas de su apartamento, "rebotar por la habitación", ir por el pasillo y entrar en otra habitación y "atravesar una pared". Estaba con una amiga y ambas ignoraron el fenómeno hasta que Melissa dijo: "Espera un momento, las cortinas están cerradas. No es la luz de un coche que va por la calle". Según relató Sheila, "siguieron la luz por la habitación antes de que volviera a salir al exterior por las mismas puertas correderas".

Cuando Sheila le contó a una prima de su padre que había venido a verme, la prima le dijo que había visto un OVNI en el patio trasero de su vecino y que la hermana mayor de Sheila, Laura, había tenido una experiencia "con un fuerte ruido y luces rojas" parecida a la de Sheila. Pero Sheila y Laura son muy diferentes y Laura nunca le habló de este incidente.

La aparente implicación de Beverly, la hija de Sheila, en el fenómeno de la abducción es un elemento importante en la determinación de Sheila de explorar sus experiencias. Ella, como muchos abducidos que son padres, está profundamente preocupada por no poder proteger a su hija. Cuando Beverly tenía catorce o quince meses y aún dormía en su cuna, Sheila recuerda que se despertó en medio de la noche y bajó las escaleras en la oscuridad, lo que era muy inusual para ella.

Vio "algo blanco en la escalera" y se preguntó qué habría dejado allí. Cuando encendió la luz vio que era Beverly, profundamente dormida en pijama y sin manta. Cuando Beverly tenía unos ocho años, Sheila la llevó al pediatra por una posible infección de oído. El médico extrajo un objeto del tamaño de una goma de borrar de un lápiz con "basura por todas partes" y lo desechó. Beverly insistió, llorando, en que no se había metido el objeto en la oreja, pero le dijo a Sheila que, desde que tiene uso de razón, se tapaba la oreja con la sábana y la manta para que no quedara al descubierto.

Como es característico de los niños secuestrados, Beverly tenía frecuentes hemorragias nasales inexplicables cuando era pequeña.

Sheila y yo nos reunimos el 21 de septiembre, el 12 de octubre y el 23 de noviembre para realizar regresiones hipnóticas. El Dr. Waterman estuvo presente durante la segunda y tercera sesión. Como no la había visto antes, la mitad de nuestra primera reunión se dedicó a completar los detalles de los antecedentes familiares de Sheila, su historia personal y las experiencias que ella y su familia habían sufrido y que podrían estar relacionadas con la abducción. Al principio parecía una mujer bastante tímida, ansiosa y de voz suave que estaba claramente decidida a atravesar la considerable angustia para reunirse conmigo. Más tarde descubrí que su ansiedad se veía incrementada por los elementos perturbadores de sus experiencias anteriores con los médicos. Su preocupación por el control y el miedo a perderlo fueron evidentes desde el principio.

Antes de comenzar la primera regresión, cuyo objetivo era la recuperación de los recuerdos relacionados con la experiencia de marzo de 1984, Sheila y yo revisamos sus recuerdos conscientes del episodio y le pedí que dibujara la disposición de las habitaciones y los dormitorios de su casa.

. . .

Justo antes de comenzar la regresión, Sheila hablaba conmigo sobre los cambios en la fe religiosa y los sentimientos de aislamiento que había experimentado. En las sesiones de hipnosis, Sheila hablaba en voz muy baja, mientras que sus movimientos corporales reflejaban intensas energías que se correspondían con las "tremendas" presiones y otras fuerzas que estaba experimentando.

Antes de la segunda sesión le pedí a Pam Kasey que tomara notas que describieran estos movimientos y los reportaré al respecto.

Bajo hipnosis, Sheila habló inmediatamente en un tono muy suave de sentirse asustada por "el ruido y las luces". La llevé a un punto anterior de la noche y le pedí que describiera el proceso de irse a la cama.

Dijo que se había acostado sobre las once, después de su marido, y que había intentado sin éxito que éste le diera un abrazo (en ese momento aún dormían en la misma cama).

. . .

Cree que se durmió tumbada sobre su lado izquierdo, pero lo siguiente que recuerda en realidad fue estar despierta de espaldas, escuchar un ruido muy fuerte y agudo - "no puedo gritar más fuerte que ese ruido"- y ver una luz roja que parpadeaba uniformemente "entrando por todas las ventanas por todas partes...".

Jim parecía estar muerto", dijo, "tenía la boca abierta y las luces le daban un color raro". Se asustó tanto en ese momento que tuve que asegurarle a Sheila que los seres no entrarían en la habitación en la que estábamos trabajando. Más tarde me escribió: "El mayor beneficio de esto fue que tuve la certeza de que no estaba sola. Sabía que estaban allí".

Sintiéndose confusa, Sheila se levantó sobre los codos y vio a varias de "esas cosas" que venían por el pasillo.

Uno de ellos levantó la mano como si quisiera hacer una señal a los demás. Con la respiración entrecortada, y con mucho ánimo por mi parte para respirar profundamente y volver a centrarse, Sheila describió tres figuras con "brazos y piernas flacas" que entraban en línea recta en su habitación.

Dos de ellas llegaron al final de su cama y las luces parpadeantes y el ruido cesaron mientras los seres al pie de su cama la miraban fijamente, "sólo mirando".

Con el miedo en aumento, Sheila me dijo que quería volver a acostarse para que los seres no la vieran, pero se dio cuenta de que era inútil. "Sé que van a venir a mí. Lo siento", dijo. Dos de los seres se acercaron a ella y uno se puso encima de Jim. Ella les miró a los ojos y vio "poder", pero no pudo hablar más de ello.

Parte de su terror, se dio cuenta entonces Sheila, era que había visto a los seres antes ("los conozco"), y "no quiero verlos". Su miedo parecía alcanzar un crescendo mientras su cuerpo se retorcía en horribles contorsiones y sus miembros se retorcían, tensándose y relajándose.

Sus ojos son "tan feos", dijo, e informó de que temía el contacto de los seres. Al agitarse y girar, Sheila vio una luz blanca sobre ella y sintió que le sujetaban los brazos a los lados.

. . .

"Esta no es mi habitación", anunció, y gimió: "Quiero ir a casa. No sé cómo he llegado aquí". Ahora había muchos seres "entrando y saliendo". Es difícil contarlos porque están por todas partes". Sheila sintió que la habían obligado a "acostarse" y dijo que los seres "tomaron mi energía. . . Hay poder en esos ojos", declaró. Algo la tocó en el abdomen y "no dejan que mis brazos se vayan. Siempre lo hacen". Entonces sintió la "horrible presión" y el dolor de "algo cuadrado" presionando su cuerpo a través de la pared abdominal inferior. "Lo que da miedo es que no tienes el control", dice. Sheila hizo todo lo posible, con mi ayuda, para sobreponerse a sus formas generalmente femeninas y expresar la rabia y la humillación que obviamente sentía. Pero todo lo que pudo hacer fue decir que le gustaría patear a los seres, atarlos y "mandarlos a casa". Describió sus "cabezas gordas" de forma graciosa y sin pelo, y pronunció: "No se parecen a nosotros".

Lo más aterrador de los seres son los ojos, dijo Sheila.

"Son tan grandes. . . Son diferentes". Cansada ahora, riéndose y haciendo un débil juego de palabras, dijo: "¡Quizá son de Dios, con grandes sienes!".

Hacia el final de la regresión le pedí a Sheila que describiera dónde estaba. "No parece mi habitación", dijo. "Siento que estoy sobre una mesa", que "se siente dura". Su cuerpo "se siente caliente" por la "lucha" y por "tratar de escapar". Volvió al "poder de los ojos", especialmente del que llamó "'el líder' . . . Controla con sus ojos. Todos le respetan". La experiencia de "sólo sus ojos y mis ojos" era como una "programación neurolingüística", añadió Sheila. Ellos "toman el control y entonces no tienes la energía para luchar".

Antes de parar le pedí que diera su perspectiva sobre la realidad de lo que había pasado. "Sé que pasó", dijo con cierta tristeza.

Hablé con Sheila al día siguiente como parte de mi rutina de seguimiento. Se sentía "confundida" y "vulnerable ahora", pues la experiencia había parecido "tan real". Estaba decidida a evitar esos "sueños". Le dije que no sabía cómo ayudarla a hacerlo, pero que podría ayudarla a aceptar sus experiencias. Aceptó "participar en el misterio" conmigo.

. . .

El Dr. Waterman me había oído dar una conferencia sobre el tema de las abducciones y estaba abierto a la posibilidad de que el caso de Sheila fuera un ejemplo de este fenómeno. Despejó su agenda para venir a nuestra próxima regresión. Antes de inducir la hipnosis, en presencia del Dr. Waterman, exploré con Sheila cómo creía que él consideraba sus relatos de abducción. "Supongo que cree que podría ser cierto", dijo.

Luego habló de su propia fascinación y limitada familiaridad con el fenómeno, y relacionó su curiosidad con su propia educación metodista. Se hizo eco de algo que yo había dicho sobre cómo "la sociedad ha intentado apagar [sus palabras]" el "lado espiritual" de nuestras vidas, y dijo que se sentía "respaldado por esto. Tiene un significado personal importante".

Sheila parecía más segura de sí misma cuando llegó para la segunda regresión. A pesar de su miedo, de recordar las emociones perturbadoras de la primera sesión y de un sentimiento de "tremenda violación personal" por el hecho de que "alguien pudiera entrar en tu casa e invadir tu espacio", estaba decidida, casi ansiosa, a continuar. "Ya he vivido bastante con ello", declaró.

Más tarde, Sheila me escribió sobre cómo nuestra primera sesión rompió su aislamiento, validó su experiencia y reforzó su fuerza y determinación. Al repasar lo que había sucedido durante la primera sesión, dijo: "No me importa lo que piensen los demás; sé lo que vi". Habló con decepción de una amiga en la que generalmente confiaba y a la que había contado sus experiencias de abducción. Pero la amiga "no me cree", dijo Sheila, y se lamentó de que "la gente piensa que tenemos un universo discreto que conocemos, y no quieren trabajar con nada más allá de esos límites."

Repasamos la primera sesión, que ella recordaba con bastante exactitud, salvo que el instrumento cuadrado que se le clavó en la pared abdominal lo recordaba ahora como "rectangular", de aproximadamente uno por dos centímetros y medio. Típicamente concienzuda, Sheila me aseguró que no había querido "mentir", pero estaba tan desconcertada por el dolor que no podía hablar con claridad. Me pidió "alguna dirección, algún objetivo", y le sugerí que siguiéramos explorando el incidente de marzo de 1984, retomando el tema donde lo habíamos dejado.

. . .

Una vez más, Sheila describió las luces brillantes, el ruido, su miedo y confusión, y lo frustrada que se sentía al no poder despertar a su marido. Habló de seres que entraban en la habitación y en su cama, y de nuevo se centró en los ojos del líder. "Me da miedo", dijo, pero "tengo que verlo mejor". Ahora los ojos parecían negros, no marrones, y al mirarlos fijamente tuvo la sensación de que "hay este negro a mi alrededor".

Sentía que "no podía respirar", que estaba "aplastada [incapaz de moverse]" y que estaba "cubierta de cosas negras...". Me sentía como si estuviera en una caja negra". Tuvo la sensación de que se quedó dormida durante "dos segundos" y "luego vi una luz, sólo blanca, en la parte superior... es muy brillante". Luego estaba en la mesa, "se siente muy bien" por un momento antes de volverse intensamente temerosa mientras se le mostraban "agujas... por mis ojos".

Los movimientos corporales de Sheila y otros comportamientos descritos en las notas de Pam Kasey cuentan la historia de su experiencia revivida con más fuerza que sus palabras. Apretó y soltó las manos y estiró los brazos. Sus piernas se crisparon y sus cejas se fruncieron.

Sus hombros se tensaron y se estremeció casi convulsivamente. Su respiración se volvió entrecortada y luego tranquila. A veces se producían largos silencios y pequeños movimientos inquietos.

Las agujas se clavaban "justo en mi frente". Al principio fue doloroso, pero "luego me relajé". Las agujas en su cabeza parecían hacer que su mano y brazo derecho se "adormecieran". Entonces el líder se acercó a ella con algo que parecía un abanico con "una aguja en él...".

Intenté detenerlo porque me da miedo", dijo. Entonces, sus piernas se tensaron y se crisparon cuando describió cómo se acercaba a ellas con el instrumento parecido a un abanico. Sus piernas estaban "un poco separadas", la izquierda recta y la derecha doblada, mientras una de las figuras le clavaba la aguja del abanico en el costado de la pierna izquierda. Sheila quería gritar mientras decía: "Sácamelo. Sácamelo", pero sólo pudo gemir suavemente, incluso con mis ánimos. Incluso después de retirar la aguja de su pierna, seguía sintiéndose "rígida y dolorida".

. . .

Después de esto ella vio "un montón" de seres "de pie sobre mí". Se sintió avergonzada por no tener ropa.

Luego había "algo que venía sobre mí" que se parecía a una afeitadora eléctrica con "algo negro debajo...".

Puedo decir que lo están sujetando", dijo, ya que uno de los seres "sigue poniéndolo sobre mí" y lo arrastra por su abdomen desde el lado izquierdo al derecho, lo que le hace sentir frío. Parecía ser el rectángulo negro del que había hablado antes. Su cuerpo se puso ahora más tenso y agitado y Sheila gimió mientras contaba que el instrumento parecido a una cuchilla de afeitar era presionado "en mi lado derecho, muy abajo, donde imagino que está mi ovario derecho o mi apéndice" mientras "intentan sujetar mi pierna [derecha]". Sintió un intenso dolor mientras el instrumento era sostenido aquí. Sheila dijo: "Sólo tengo que equilibrarme. . . Se siente como si fueran a atravesar el otro lado. . . . ¿Te imaginas a un elefante haciendo equilibrio sobre una pata?", es decir, apoyándose en una pata sobre su abdomen. Luego tuvo la sensación de que un instrumento fuera de su cuerpo estaba "succionando cosas del interior de mi cuerpo".

. . .

Al cabo de unos minutos, el cuerpo de Sheila se quedó más quieto y tiró inquieto de su camisa mientras declaraba: "Tengo calor". No "se tomó el tiempo de prestar atención" a lo que le sacaron a través de la pared de su abdomen. Sin embargo, tenía claro que "vio el rectángulo negro". Volvió a hablar de su miedo, su rabia y su dolor y luego dijo: "Veo sus ojos. No quiero verlos más".

En ese momento la escena cambió y a Sheila se le mostró algo que parecía una enorme vidriera roja con una celosía marrón y dorada que separaba los cristales y que se curvaba enormemente hacia una cúpula; esas ventanas se alineaban a lo largo de una larga pared. La sensación que tuvo fue: "Realmente estoy allí". La cúpula en forma de cono era tan imponente en su profundidad sobre ella que "me asustaba mirarla". Al mismo tiempo, el espectáculo parecía muy hermoso, como "la aurora boreal... una fuente de oro puro". La sensación de profundidad parecía estar creada por unos surcos en forma de disco que ascendían en espiral. Cuando le pregunté a Sheila por qué era tan aterrador, sólo pudo decir: "Es como el poder. No puedo decirte más". Dijo: "Quiero ir a casa", y no recordó nada más. "Me quitaron la memoria", concluyó.

. . .

Tras salir de la regresión, Sheila dijo que se sentía triste, lo cual atribuyó al principio a que se sentía "como si no estuviera vestida" y estuviera tan descontrolada. Intentando volver a sus maneras de dama, Sheila dijo: "Mi desodorante me ha fallado en estas circunstancias.

Estoy empapada". Pero lo más significativo es que observó lo preocupante que era descubrir que "mi cuerpo no es mío".

El Dr. Waterman quedó impresionado por el poder y la aparente autenticidad de lo que Sheila había vivido en la sesión, y durante las siguientes semanas se esforzó por cambiar su visión del caso para poder ser más útil para ella, "uniéndose al misterio" con nosotros. En una llamada telefónica de seguimiento, Sheila expresó su profunda gratitud por nuestro trabajo, habló del aislamiento que había sentido al no ser creída, y expresó su determinación de "forzar un sentido de responsabilidad" en la profesión psiquiátrica con respecto a las experiencias de abducción. Habló de su deseo de hacer una investigación que integrara su experiencia con los cuidadores en relación con la abducción, con la satisfacción de los pacientes.

. . .

Mi secretaria y Sheila mantuvieron una larga conversación telefónica varios días después de la regresión.

Sheila quería saber que la creaba y tenía muchas preguntas sobre la hipnosis y los procesos de recuerdo y olvido. Se preguntaba si hay distorsión en la hipnosis y qué impedía que sus recuerdos afloraran por sí solos sin ella. Especuló que podría ser el miedo. Concluyó: "Me impresionó mucho la fuerza que está mostrando Sheila.

Esta Sheila me parece una persona diferente. Es capaz de mantener una conversación donde antes era demasiado tímida e insegura, siempre conteniendo las lágrimas. Para mí, éste es el aspecto más fascinante de todo el fenómeno de la abducción, cómo aceptar lo que está enterrado en la memoria puede afectar a toda tu vida."

Antes de comenzar la tercera sesión de hipnosis, a la que también asistió el doctor Waterman, repasamos lo que había ocurrido durante las seis semanas transcurridas desde el último encuentro. Justo tres noches antes, a eso de las tres de la mañana, Sheila había tenido otro sueño "como el de la electricidad" en lo que ella llamaba un estado "semiconsciente".

"Me desperté muy rápido y pude oír a alguien respirando de forma extraña y sentí una mano en mi costado". Se levantó de un salto, gritó aterrorizada, encendió la luz y no vio a nadie. Sin embargo, la presión de lo que sintió como una mano en la cadera y un "breve chasquido" que interpretó como una respiración le parecieron totalmente reales. Aunque ahora se siente fuerte, incluso por la noche, algunas noches, como la anterior, le asusta la sensación de que "hay alguien en la habitación contigo y no puedes ver a nadie". Le preocupa especialmente la falta de control y saber que no puede proteger a Beverly. Captó el sentimiento de la mayoría de los abducidos cuando dijo: "Siempre vives con cierto temor de que vuelva a ocurrir".

Después de esta discusión, hablamos de la primera experiencia de Sheila en mi grupo de apoyo ("la gente está en diferentes niveles", observó con precisión). Los experimentadores están "todos en el mismo barco", señaló, "un barco que en este momento no puedo negar". Habló entonces del impacto "abrumador" de reconocer sus experiencias, y de la dificultad de encontrar algo positivo en ellas. "No sé si querría vivir para siempre bajo el control de otra persona", dijo.

. . .

Le costaba vivir con las implicaciones de lo que estaba descubriendo en las sesiones de hipnosis, "simplemente que hay poderes mayores... lo insignificantes que somos como seres humanos", y "que tal vez has transformado [sic] alguna barrera". De los propios seres se preguntaba: "¿De dónde vienen?". Lo más inquietante para Sheila, "peor que el ventilador y la aguja y el tubo y la maquinilla de afeitar eléctrica y las agujas en mi frente, fue la negrura. . . Es una experiencia aterradora la de la negrura", dijo, "mirar a los ojos para averiguar cómo han llegado ahí, y luego se cubre de negro".

Sheila había decidido explorar la experiencia de la Nochevieja de 1989, en la que había experimentado "la electricidad", y sintió que "algo me obligaba a bajar", pero no vio a los seres. Antes de empezar la hipnosis, recordó que se despertó hacia la medianoche y de nuevo a la una menos cuarto, que oyó un ruido y que sintió "como si alguien tuviera sus manos en mis brazos y mis piernas. Me tendieron boca abajo en el sofá, me estiraron. Me senté y no vi nada. Estaba muy asustada. Me aterrorizaba estar sola".

Al principio de la regresión repasamos los acontecimientos de aquella Nochevieja.

En una anotación en su diario del 12 de enero de 1990, Sheila había escrito: "Desde entonces he pasado verdadero miedo por la noche. Ha sido el peor [sueño] que he tenido en mucho tiempo". Esa noche el padre de Sheila, su hermana Melissa y la hija de Melissa, Kimberly, habían venido a reunirse con Sheila, Jim y Beverly. Se fueron sobre las once y Sheila se acostó a las once y media, "porque estaba cansada". Beverly acababa de convencer a Sheila de que cambiaran de habitación, ya que la de Sheila era más grande y tenía teléfono. Explicando que no tenía tiempo de preparar la antigua habitación de Beverly para dormir, Sheila decidió dormir abajo, en un largo sofá del solárium.

Cogió una almohada del piso de arriba y se cubrió con un afgano, sintiéndose triste al pensar en que su madre no estaba allí.

Sheila escribió en su diario que, mientras se preparaba para dormir, "estaba muerta de miedo. Me aterraba estar sola". El solárium, que está al lado de la casa, estaba "tan lejos de Jim y Beverly". Recordaba el zumbido del humidificador y el sonido del péndulo de un reloj de la planta baja. Cree que, a pesar de su miedo, pudo quedarse dormida.

Se despertó hacia la medianoche -el reloj de la videograbadora marcaba las 12:02, según sus notas del 12 de enero de 1990- y se asustó por los "fuegos artificiales" que parecían venir del otro lado de la calle, donde la gente "tiene compañía. Están entretenidos esta noche". Luego se asustó por una luz que entró en la habitación, y dijo: "Es demasiado brillante". Luego la luz "desapareció" y Sheila dijo: "Tengo que vigilar esa luz". Todavía estaba despierta cuando un reloj dio las doce y media.

La llevé de vuelta cuando miró el reloj de la videograbadora y le pregunté qué hizo después. Dijo que se puso junto a la ventana y miró una luz en un poste en el camino de entrada de sus vecinos y atribuyó la luz en su habitación a esta fuente. Luego, a pesar de que el miedo era tan intenso que la hacía temblar, recordó que se acostó de nuevo en el sofá para escapar de su miedo. Recordó haber mirado el gran órgano del salón cercano y haber visto plantas en la habitación. Su miedo iba en aumento, tanto en la experiencia que estaba recordando como en la propia sesión. Tumbada sobre su lado izquierdo, Sheila intentó cerrar los ojos. A pesar de su terror, Sheila dijo que pudo quedarse dormida. "Me costó un poco. Estaba muy cansada".

. . .

Volviendo a insistir en lo sola que se sentía tan lejos de Jim y Beverly, Sheila dijo: "Volví a ver esa luz. Intenté encontrarla". Parecía venir del lado de la casa. "Es muy brillante. Luego la miré; entonces era realmente negra". Tenía miedo de la luz y preguntó cómo hacerla desaparecer. Entonces, en la luz, vio algo naranja y rosa con una "mancha oscura". Ahora, en su espalda en lugar de su lado, experimentó una luz tan brillante que me preguntó: "¿Acabas de encender una luz?". A continuación estaba en medio de "gris y cosas a mi alrededor que son como niebla". En la entrada de su diario del 12 de enero de 1990, Sheila había escrito "gris y en forma de V. . No podía verlos", continúa la entrada, "pero había dos de ellos en cada punto: mi cuello, cada brazo y unos 15 centímetros por encima de mis tobillos: cinco grupos de dos en total. La única forma en que puedo describirlos es que me dolían y que estos dos conjuntos eran perfectamente simétricos; de cualquier otra forma podía sentirlos incluso después de despertarme. Parecían tan reales". Su respiración era entrecortada y jadeante y se sentía como si estuviera de pie pero le gustaría acostarse. Habló de sentir "no frío", como si estuviera en "una especie de burbuja gris a temperatura ambiente" sin "paredes definidas ni techo plano".

. . .

Luego, Sheila dijo sin rodeos: "Acabo de ver sus ojos. Quiero alejarme de ellos. Están delante de mí".

"¿Dónde?" pregunté.

"Junto a la cosa gris". Ahora se produjo una gran lucha en la que Sheila se sentía atraída por mirar los ojos, pero también los evitaba y quería hacerlos "desaparecer". Observó lo "grandes" e "intensos" que eran los ojos, y "nunca los veo parpadear". Obligada a mirarlos, reconoció: "Veo los ojos". Aunque esta admisión, o el acto de mirar a los ojos, o ambas cosas, la hicieron sentir más relajada, Sheila sintió al mismo tiempo que esto la hacía "sentir como si estuviera loca, como si no supiera lo que está haciendo, como si estuviera como psicótica o algo así, como si no estuviera en contacto con la realidad".

Prácticamente gimiendo ahora, Sheila describió el terror de ceder el control. "Ellos tienen el control", dijo.

"Tengo que cederlo".

. . .

Se sentía "explotada" por ellos, pero al mismo tiempo "que dependemos unos de otros". Sus pensamientos volvieron a la luz intermitente "demasiado brillante" que la aterrorizaba. Entonces Sheila vio algo "naranja" fuera de la ventana, "muy bajo en el suelo". Con enorme dificultad, a pesar de que la animé mucho, sólo pudo decir "vi una masa grande, naranja y ovalada".

Sheila pidió "volver a los ojos y hablar sobre la dependencia de ellos...". Me acaban de decir eso", dijo después de ceder el control. Reconociendo que ni ella ni yo entendíamos realmente lo que significaba, Sheila dijo: "ambos dependemos del otro. Tengo que aceptar su presencia [del ser] en mi vida", o al menos que "venga a mí por la noche". No cree que "venga a mí de día". Cuando le pregunté cómo se le comunicaba esta información, dijo: "Simplemente lo sé. Sé lo que está pensando. Se comunica, pero no puede decir cómo".

No estaba contenta con todo esto - "No me gusta que esté allí"- pero acepta la verdad de lo que ha reconocido.

. . .

A Sheila le costó mucho incorporarse una vez terminada la hipnosis. Relacionó claramente los ojos con la negrura que había experimentado en las regresiones anteriores. "Los ojos dan miedo. Estaba mirando los ojos y luego me rodeaba el negro. Todo lo que podía ver era negro". Esta vez no se sintió rodeada de negrura cuando miró a los ojos; incluso le pareció que se relajaba, pero le pareció aterradora la idea de que "dependemos unos de otros" porque "no son amistosos. No les invitarías a pasar las vacaciones". Se preguntaba si eran "engañosos... No puedes depender de alguien que es engañoso. No puedes confiar en ellos". Pero no estaba segura de ello.

Hablamos juntos sobre cómo se produce la interdependencia cuando se cede el control. "Cuando les miré a los ojos -hablamos de depender el uno del otro- empecé a pensar en la teoría de sistemas, ya sabes, en la ecología. Pero ahora que estoy despierto pienso que, bueno, es muy difícil pensar que están alrededor... Creo que están por aquí durante el día aunque no los vea".

Sheila siguió luchando con el problema del control.

. . .

"No veo el equilibrio, como cuando les miras a los ojos, y entonces ellos tienen el control y tú cedes el control, entonces es cuando dependes del otro. Pero no veo el equilibrio en el pensamiento lógico". Seguimos hablando del deseo humano de "tener el control" y de sus consecuencias destructivas. "Hay que rendirse para lograr el equilibrio", dijo. Los seres humanos han sido "socializados para tener el control" durante el día. "Ese es el control diurno", añadió. "De noche te rindes para conseguir ese equilibrio perfecto". Terminamos con la pregunta de si la cesión nocturna del control podría tener alguna recompensa para el día. "Creo que podría", dijo Sheila.

"¿Cómo?" pregunté.

"Bueno, eso es lo que no sé responder", dijo ella.

El Dr. Waterman quedó impresionado con lo que ocurrió en esta sesión y en los días siguientes. Sheila siguió integrando lo que había surgido en esta sesión, especialmente en sus reuniones.

. . .

Volvieron a aparecer detalles inquietantes que ella había anotado en su diario el 12 de enero de 1990, pero que no habían surgido en nuestra sesión, especialmente en lo que respecta a los puntos en forma de V.

Aun así, al Dr. Waterman le pareció que Sheila era una "persona diferente", sonriente, preocupada por él (su padre había muerto recientemente) y mucho más segura de sí misma. Más tarde me escribió que estaba impresionada por los grandes cambios en su perspectiva, "cambiando de opinión; algo era diferente". La vi en el grupo de apoyo el 14 de diciembre, tres semanas después de la última sesión. Parecía más enérgica, con una mirada brillante y directa, y dijo que se sentía más esperanzada. Hablamos de sus esfuerzos por ayudar a otra abducida que estaba luchando con sentimientos de desesperanza al darse cuenta de su experiencia, al igual que había hecho Sheila.

Nos resulta difícil admitir que no sabemos algo. En psiquiatría hay una tendencia, bastante natural quizás, a tratar de encajar los datos psicológicos o los fenómenos emocionales en categorías conocidas. La incertidumbre total es muy incómoda.

. . .

En el caso de Sheila, la aparición de sus "sueños eléctricos" y otros rasgos de un estado traumático tras la muerte de su madre crearon una cierta lógica que abogaba por una explicación de su caso sobre la base de un duelo no resuelto, una depresión o un trastorno de estrés postraumático relacionado con la muerte de su madre, a la que de hecho había estado muy unida.

Sin embargo, los diversos esfuerzos terapéuticos que siguieron esta dirección no lograron aliviar la angustia de Sheila, y a finales del verano de 1992 estaba cada vez más desesperada.

En retrospectiva, el caso de Sheila presentaba varias características que no encajan en el diagnóstico de reacción de duelo retardado o de depresión únicamente. Aunque estaba angustiada por los sueños eléctricos intrusivos y perturbadores, su principal síntoma, no había nada en ellos que apuntara a una preocupación por la pérdida, la separación u otras características del duelo, ni había la profunda pérdida de autoestima ni el autorreproche que probablemente acompañan a la depresión clínica.

. . .

Incluso el gesto impulsivo de suicidio en julio de 1985 fue la respuesta a un auténtico problema de confianza en un terapeuta en un momento en que se sentía especialmente desesperada y sola.

De hecho, Sheila mostraba rasgos de un estado de estrés postraumático con ansiedad generalizada, sueños problemáticos y dificultad para dormir. Pero la pregunta que hay que responder se refiere a su origen.

La muerte de su madre fue preocupante para Sheila, al igual que el alejamiento de su marido. Sin embargo, no había nada en su reacción a estos acontecimientos, a los que parecía haberse adaptado razonablemente bien, ni en el contenido de sus sueños que sugiriera que eran la fuente principal de su estado traumático actual. Una evaluación neuropsicológica realizada a principios de 1991 documentó la ansiedad de Sheila, pero no mostró indicios de depresión y la describió como "un funcionamiento por encima de la media o superior". No se ha descubierto ninguna otra causa de su trauma, aparte de las experiencias de secuestro.

. . .

El caso de Sheila muestra las características típicas del fenómeno de la abducción. Estos incluyen sueños aterradores que parecen más reales que las pesadillas ordinarias, recuerdos -algunos disponibles conscientemente y otros que surgen bajo hipnosis- de la intrusión de seres humanoides en su dormitorio, y de haber sido llevada a un recinto extraño y sometida a procedimientos intrusivos de tipo quirúrgico. En tres sesiones de hipnosis sólo pudimos arañar la superficie de lo que Sheila parece haber sufrido. Sin embargo, acompañarla en la exploración del misterio de estas experiencias, y darle la oportunidad de expresar los poderosos afectos reprimidos que están asociados a ellas, ha sido terapéuticamente eficaz.

Se podría argumentar que la mejora clínica de Sheila fue el resultado de la confirmación de un conjunto de falsas creencias o delirios. Pero no hay nada en la dureza mental de Sheila que indique una propensión al pensamiento delirante, ni siquiera a la sugestión.

Además, los individuos psicóticos con delirios no suelen mejorar cuando se refuerzan sus delirios, ya que hay que invertir demasiada energía psicológica en el sistema de creencias a costa de otras funciones.

También podríamos considerar el beneficio que se obtiene cuando uno pasa a formar parte de una comunidad de creencias, como en ciertos grupos religiosos, pero el fenómeno de la abducción va en contra de las creencias sociales contemporáneas, y Sheila, como casi todos los abducidos, encuentra que la idea de que estas intrusiones, sea cual sea su origen, existen en la realidad, es totalmente inoportuna.

En todo caso, se siente traumatizada al reconocer la realidad de las experiencias de abducción. Por último, está el testimonio del Dr. Waterman, que al principio era un escéptico sobre las abducciones pero estaba abierto a trabajar conmigo. Habiendo conocido a Sheila durante más de siete años, vio sus respuestas bajo hipnosis como auténticas, reflejando poderosas experiencias traumáticas sin otra fuente aparente que lo que Sheila informó durante las sesiones.

El fenómeno de la abducción va en contra de las nociones de realidad de la cosmovisión científica occidental. Creemos que es sencillamente imposible que estos sucesos tengan lugar. Sin embargo, hasta ahora no tenemos ninguna explicación convencional para lo que experimentan individuos como Sheila.

La propia Sheila escribió sobre su caso al Dr. G.: "Simplemente no tiene sentido en el mundo tal y como lo conozco". Pero como dijo una vez Freud, la teoría no impide que los hechos aparezcan. Lo único que podemos pedirnos los profesionales de la salud mental en este momento es que mantengamos la mente abierta cuando nos enfrentemos a fenómenos como el síndrome de abducción alienígena que no comprendemos, y que nos resistamos a dar explicaciones prematuramente. Haríamos bien en seguir el ejemplo de Sheila, que escribió al Dr. Waterman en 1990: "He dejado atrás mi DSM III-R". Escuchar sin saber, pero con la voluntad de explorar, puede ser útil en sí mismo.

Aunque Sheila ha tenido más dificultades que muchos abducidos para recuperar los recuerdos de sus experiencias y atravesar su contenido traumático, muestra los inicios de un proceso de transformación que me resulta familiar. En asociación con su propia cesión de control, está empezando a reconocer las consecuencias negativas para ella misma como individuo, y para el equilibrio ecológico del planeta, que nuestra lucha por el dominio y el control ha provocado.

. . .

No sabemos si este cambio de conciencia es simplemente un subproducto de su trabajo a través de las experiencias traumáticas o es intrínseco al propio fenómeno de la abducción. Es interesante, en este sentido, que la experiencia de Sheila de reconocer su interdependencia con los seres extraterrestres, seguida de su preocupación por la ecología de la Tierra, ocurriera cuando sintió que tenía que mirar a los ojos del líder extraterrestre y ceder el control.

El fenómeno de la abducción alienígena es una fuente de información potencialmente rica para nuestra comprensión de nosotros mismos y del universo circundante en el que participamos. Pero para que ese conocimiento esté disponible, primero tenemos que admitir nuestra gran ignorancia sobre la naturaleza y sus secretos. Como escribió Sheila al Dr. R., "Algún día, puede que oigas a otra persona contar una experiencia similar. Yo tampoco tengo una explicación "científica" para ello, pero eso no exige una postura ignorante. Podemos admitir que la psiquiatría no tiene todas las respuestas para entender los trastornos mentales, así que ¿por qué deberíamos creer que la ciencia está preparada para explicar todo lo que ocurre en este mundo?"

3

Abducidos, ¿pero por Aliens o militares?

Este relato quizás se salga un poco del tono de los anteriores, pero solo para permitirnos abarcar y entender el problema de las abducciones desde distintos frentes. El mes de octubre de 1973 fue un mes que pasará a la historia de los OVNI. Fue un mes en el que los Estados Unidos fueron inundados por las intrusiones de los OVNIs.

El difunto Leonard Stringfield -investigador de OVNIs y ex oficial de inteligencia de la Fuerza Aérea y ex oficial de inteligencia de la Fuerza Aérea de los Estados Unidos fue alguien que vivió esa asombrosa ola de platillos voladores que ofreció los siguientes recuerdos:

· · ·

El efecto tornadizo de la oleada de 1973 fue aturdir a una nación ya perturbada por el Watergate y la crisis de Oriente Medio. En su punto álgido, el 17 de octubre -en 24 horas, hubo más de cincuenta ciudades y pueblos que informaron de actividad OVNI concentrada. Las centralitas de los medios de comunicación y de las noticias y de la policía se vieron atascadas por las llamadas de ciudadanos asustados. Muchos informaron de objetos luminosos extraordinarios a baja altura; otros afirmaban haber tenido encuentros más cercanos.

De esos encuentros más cercanos, hay uno que realmente destaca. Es un encuentro que llega a la esencia de este libro. Se trata de dos hombres que, antes de ser secuestrados por seres extraños en un río del Mississippi, estaban haciendo nada más extraño que un lugar de pesca.

La noche del 10 de octubre de 1973, fue una noche que Calvin Parker y Charles Hickson no olvidarían. Y todo comenzó de una manera perfectamente normal y relajada normal y relajado. Hickson, de cuarenta y dos años, y Parker, de diecinueve, trabajaban juntos y a menudo pasaban el tiempo pescando en el río Pascagoula, en el sureste de Mississippi.

Eran alrededor de las nueve de una noche oscura y fatídica cuando su mundo se derrumbó a su alrededor. Durante un tiempo los peces picaron.

Sin embargo, no pasó mucho tiempo antes de que los dos hombres se encontraran aunque "arrastrados" podría ser una mejor manera de decirlo. Mientras estaban sentados en la orilla del río, los dos pudieron ver que había una extraña, azul y parpadeante en la distancia, extraña en el sentido de que parecía estar siguiendo los contornos del río, pero ligeramente por encima de él. Tanto Hickson como Parker se quedaron mirando, tratando de averiguar qué era. Puede que la tierra. La Tierra podría no tener nada que ver con ello.

¿Helicóptero? se preguntaron. Pero no había ningún ruido. ¿Un avión? Era demasiado bajo y lento. ¿La idea de alguien, de una broma? Ojalá.

Cuando el extraño lo-que-sea se acercó, una cruda comprensión rápidamente golpeó a ambos hombres: esto no era como nada que habían visto antes.

. . .

Era una nave bastante pequeña, de diseño ovalado, e iluminada, casi resplandeciente. Y un vomitivo y profundo zumbido los envolvió de repente. Las cosas parecían extrañas, irreales, oníricas, mientras la pareja trataba de alejarse. No hubo suerte: en segundos, tanto Parker como Hickson quedaron casi incapacitados para moverse. De repente, la nave se acercó mucho, peligrosamente, y se abrió una puerta. Los dos hombres miraron con confusión y horror cómo tres entidades de extraña apariencia y de aspecto extraño levitaban a través de la puerta y, durante unos segundos, quedaban suspendidos en el aire, mirando directamente a los dos asustados pescadores.

Las cosas fueron de mal en peor: las criaturas, que eran básicamente humanoides, tenían caras extrañas que parecían máscaras ajustadas, con tres protuberancias en forma de bolígrafo que salían de sus cabezas. Sus manos tenían forma de cangrejo. (Hickson corregiría esto más tarde refiriéndose a ellos como "langosta").

Las criaturas maniobraron en dirección a los hombres. En su estado de desorientación, Hickson sólo podía mirar a las cosas mientras se acercaban más y más.

Parker, sin embargo, hiperventilando en grado extremo, se desplomó en un desmayo.

Parker empezó a volver en sí, pero se vio incapaz de moverse. Hickson también se vio afectado por una repentina parálisis. Los alienígenas se lanzaron hacia adelante, agarraron a ambos hombres y los condujeron a la nave. Fueron llevados a bordo y los sometieron a los habituales experimentos que inducen al miedo del tipo por los que los Grises son notoriamente conocidos. En este caso, la pareja fue colocada en estructuras similares a una mesa, y un dispositivo que fue descrito como un "gran ojo" se cernió sobre los hombres inmóviles, aparentemente escudriñándolos de pies a cabeza.

Una vez finalizado el procedimiento, se les dejó caer de nuevo en el banco. Ahora sabían cómo se sentía el pez medio un sábado por la noche. La pareja no tardó mucho en recuperar el ingenio, lo que los había dejado inmóviles no era duradero. Finalmente, los dos pudieron subir a la orilla, subir a su vehículo y correr hacia la oficina del sheriff. La historia salió a la luz en forma de montaña rusa. Los medios de comunicación no tardaron en poner la pista tras la pareja.

. . .

Pero también estaba el ejército, que llegó primero. Dos hombres y los militares.

En poco tiempo, tras contactar con la policía, Parker y Hickson fueron llevados a la Base de la Fuerza Aérea Keesler en Biloxi, en la costa del Golfo de Mississippi.

Fueron conducidos allí por un oficial de policía local, el ayudante Tom Huntley, que más tarde hizo una declaración intrigante: "Estábamos en un coche sin marcar, pero los guardias nos esperaban y nos hicieron pasar en cuanto dije quién era. Miré hacia atrás por el retrovisor y, maldita sea, dos coches llenos de policías aéreos no habían caído detrás de nosotros. Tenían más policías aéreos estacionados en cada cruce a lo largo de la carretera".

El agente Huntley acabó revelando mucho más: al ser dirigido a un edificio concreto, un equipo de personal médico ya estaba allí, esperando la llegada de Hickson y Parker. Huntley dijo que después de que él, Parker y Hickson se dirigieran al edificio, comenzó rápidamente una serie de pruebas.

. . .

De los médicos, Huntley añadió que "parecían criaturas del espacio: todos envueltos en blanco y con máscaras y guantes". A ambos hombres se les pasó un contador Geiger.

Se les tomó una muestra de los dedos y de los zapatos, y cada muestra se colocó cuidadosamente en un frasco distinto. John Keel, de las Profecías del Hombre Polilla, dijo algo notable cuando se conoció la historia de la participación de los militares: "Estaba claro que los médicos de la Fuerza Aérea sabían lo que estaban haciendo y probablemente lo habían hecho muchas veces antes". Una vez terminado el examen, Huntley, Hickson y Parker fueron escoltados a otro edificio".

De esta otra instalación, el oficial Huntley declaró: "Era algo. Policías aéreos armados en cada puerta y un todo a lo largo del recorrido. Cuatro de ellos en la sala de conferencias. Y los altos mandos, coroneles, mayores, todo el mando de la base debía estar allí. Y un montón de médicos". Volviendo a Keel: "La parte intrigante de esto son las amplias medidas de seguridad tomadas.

. . .

Parece como si toda la base hubiera sido puesta en alerta para la ocasión, y los dos contactados fueron tan vigilados durante su visita que parece como si las Fuerzas Aéreas esperaran que volaran la base.

Para mí, su investigación en la Base Aérea Keesler fue mucho más interesante que el contacto OVNI en sí".

A la luz de todo lo anterior, uno tiene que preguntarse cuántos expedientes sobre Parker y Hickson fueron creados por la Fuerza Aérea en ese extraño y misterioso día. Sabemos que Hickson fue víctima de interminables y extrañas llamadas telefónicas, que se prolongaron durante meses, sugiriendo que alguien lo estaba vigilando.

En cuanto a los dos hombres, sus vidas tomaron direcciones muy diferentes. Parker casi rehuyó por completo la atención, habiendo sufrido un colapso nervioso después del incidente, y sigue evitando hablar de los eventos del 10 de octubre de 1973.

. . .

Hickson, sin embargo, lo aceptó todo, y con escritor William Méndez escribió un libro sobre el caso titulado Contacto OVNI en Pascagoula. Hickson falleció en septiembre de 2011. Hay otro aspecto de este asunto tan curioso que debe ser abordado. Es la posibilidad de que todo el suceso no fuera una abducción extraterrestre, sino un evento impulsado por la MILAB. ¿Suena imposible? Puede que no lo sea: solo a una distancia muy corta de donde Parker y Hickson fueron secuestrados hay una pequeña zona llamada Horn Island.

Parece agradable y acogedora, y lo es.

Pero eso no siempre fue así. Cuando la Segunda Guerra Mundial todavía estaba en marcha, Horn Island albergaba investigaciones secretas en el campo de la guerra química y biológica. Menos de una década después, el Cuerpo Químico del Ejército de EE.UU. utilizó la isla para sus primeras investigaciones sobre hipnosis, control mental y psicodélicos; en esencia, para ver cómo se podía alterar la mente humana, y radicalmente, además.

. . .

Los libros de historia dicen que todo ese trabajo en la isla Horn se detuvo en la década de 1960, en medio de rumores de que algunos de los lugareños terminaron en estados alterados estados alterados tras ser alcanzados accidentalmente por potentes sustancias alucinógenas a base de aerosol transportadas por el viento. Pero pregunte a los lugareños cuándo las cosas terminaron realmente y obtendrá una respuesta muy diferente. Hay historias de que el Ejército empleó secretamente el uso de BZ en la zona a principios de los años 70.

¿Y qué podría ser la BZ? Conocido como "Buzz", es un poderoso mezclador mental, cuyo título oficial es bencilato de 3-quinuclidinilo. Las alucinaciones gráficas son típicas, así como los estados de irrealidad. La disfunción cognitiva no tarda en aparecer. Luego, la incapacitación. Quizás, mientras estaban en un estado de BZ, Parker y Hickson no OVNI, sino uno de esos helicópteros negros que juegan un papel tan importante en el seguimiento de los abducidos por extraterrestres. Tal vez las caras de los "alienígenas" eran exactamente eso: máscaras. Tal vez las manos en forma de cangrejo que los hombres dijeron haber visto eran en realidad guantes gruesos, unidos a trajes gruesos trajes de protección, diseñados para evitar que las personas demasiado humanas de esos trajes se vieran afectados.

Cuando se miran todos los datos, tal escenario no suena en absoluto improbable. Sin embargo, esto nos deja con una pregunta importante. ¿Por qué querría la Fuerza Aérea llegar a tales extremos?

Considera esto como una posibilidad: la ola OVNI de octubre de 1973 estaba en su apogeo. Los militares estaban claramente preocupados por esta repentina invasión del espacio aéreo estadounidense. Pero sigamos con el escenario discutido, es decir, que el gobierno podría escenificar tales incidentes para que los alienígenas nos parezcan peligrosos y malvados, cuando en realidad pueden ser benignos y amistosos.

Hay que decir que el incidente de Pascagoula estuvo lleno de nada más que negatividad y terror. Calvin Parker se desmayó, sufrió una crisis nerviosa y se retiró a las sombras.

Ambos hombres se enfrentaron a criaturas que tenían un aspecto extremadamente siniestro y que maniataron a la pareja de forma brusca y aterradora.

. . .

Si la ola de OVNIs de 1973 fue realmente una de proporciones benignas- pero el gobierno quería dar a los alienígenas una muy mala reputación - todas las cosas de repente tienen sentido. Incluso el lugar, que había sido un caldo de cultivo para los altos secretos, controlados por el gobierno, programas de alteración de la mente durante décadas.

4

El verano del 92'

SCOTT TENÍA veinticuatro años cuando nos conocimos en noviembre de 1991, después de que expresara su interés en unirse a mi grupo mensual de apoyo a los abducidos. En ese momento estaba viendo a un psicoterapeuta debido a las ansiedades relacionadas con sus experiencias de abducción, y pensó que el grupo podría ser útil para darle la oportunidad de conocer a otros experimentadores de abducciones y permitirle compartir los conflictos que habían surgido de sus encuentros.

Mi política entonces y ahora ha sido la de reunirme personalmente con los abducidos antes de incluirlos en el grupo.

. . .

El caso de Scott demuestra las dramáticas transformaciones personales que son posibles cuando un abducido se enfrenta directamente a la realidad de sus experiencias de abducción y a las poderosas emociones asociadas a ellas. Scott también forma parte de un grupo cada vez mayor de abducidos que descubren una doble identidad humana/extraterrestre en el curso de su trabajo de exploración.

Scott es un joven alto, corpulento y franco, cuyos modales un poco despreocupados ocultan su reflexión y sensibilidad subyacentes, cualidades que se han ampliado en el tiempo que lo he conocido. Aunque Scott se ha resistido a recibir una educación formal, refleja una inteligencia fuerte y sin matices. Scott trabaja como actor y director de cine y con su padre en su negocio de mecánica de automóviles y es un constructor de talento, capaz de reparar pianos además de coches. Toca el piano desde la infancia y es un aspirante a compositor. También quería ser piloto, pero "todo el rollo médico" por el que pasó a raíz de sus experiencias de abducción lo dificultó. "Siempre me he mantenido ocupado", dice Scott, "para no pensar en lo que me ha estado 'pasando'".

. . .

En el verano de 1992, Scott pasó por un periodo en el que su habitual actitud defensiva vigilante, animalista y cargada de miedo (llamándose a sí mismo "fanático de la seguridad", y temiendo cada noche que le secuestraran, Scott cableó la casa donde vive solo con una alarma de radio que activaba por la noche, montó cámaras de vigilancia en varios lugares como "elemento disuasorio" y un micrófono junto a la puerta principal con un altavoz al lado de su cama para el control nocturno) dio paso durante un tiempo a sentimientos más intensos de vulnerabilidad, impotencia y separación de su familia. "Me sentía completamente abierto a que cualquiera me golpeara o hiciera lo que quisiera".

En lugar de la persona controlada que había sido, Scott descubrió que "la persona descontrolada era lo 'real'...

Tenía miedo", dijo. "Quiero decir que sentía que me podían destruir. No me sentía seguro, en absoluto...

Era un terreno completamente sin pavimentar para mí".

. . .

Fue esta apertura, la cesión del control, lo que allanó el camino a la transformación de la relación de Scott con sus experiencias de abducción y a los profundos cambios en su experiencia de su propia conciencia e identidad.

La hermana de Scott, Lee, diecinueve meses más joven que él, también es una abducida, aunque ha sido más lenta en recuperar los recuerdos de sus experiencias. Durante muchos años se aferró a la posibilidad de que sus temores a la intimidad sexual estuvieran relacionados con los abusos de su padre o de otra persona.

Una historia cuidadosa no pudo corroborar una historia de abuso que pudiera explicar sus temores, mientras que una poderosa sesión de hipnosis que realizamos en noviembre de 1992 reveló una inquietante e invasiva experiencia de la primera adolescencia en la que fue llevada a bordo de un OVNI por seres extraterrestres, se le introdujo un instrumento de sondeo en la vagina y se le extrajo algún tipo de tejido, tal vez un huevo. Diez días después, Lee se embarcó en un viaje previamente planeado a la India durante varios meses para proseguir su desarrollo espiritual, especialmente para estudiar el budismo tibetano.

Tras leer mi relato del caso de su hermano, que su madre le había enviado a la India, a Lee le preocupaba que mi breve resumen de sus experiencias la hiciera parecer demasiado víctima. "Deseo ayudar dando a conocer mi historia, para informar a la gente". Le gustaría ver "un relato más completo" para "retratar una serie de encuentros que no sólo produjeron un trauma físico y sexual, sino que proporcionaron una oportunidad inestimable para el crecimiento espiritual y la sensibilidad hacia todos los seres sensibles, desde los insectos hasta los de otras dimensiones y sistemas planetarios...". Este ajuste", continuó, "me haría sentir menos víctima de una violación intergaláctica y más como lo que yo veo (hasta ahora): una experiencia de algo que casi me ha volado la cabeza con la expansión de la conciencia. Estoy extrañamente agradecido". Anteriormente en la carta Lee había escrito: "El budismo tibetano como filosofía reconoce gran parte de los encuentros espirituales y "conciencias" que han tenido los abducidos."

La madre de Scott y Lee, Emily, de cuarenta y ocho años, trabaja en el sector inmobiliario y apoya el negocio de su marido Henry.

. . .

Puede que también sea una abducida, pero lo más destacable de Emily, y es un aspecto importante de este caso, es la extraordinaria constancia y apoyo que ha dado a sus hijos. Es la única madre que acude con regularidad a las reuniones de mi grupo de apoyo y, aunque ha sufrido mucho por las angustias relacionadas con el secuestro de sus hijos, Emily ha aceptado plenamente la realidad de lo que sus hijos dicen haber vivido.

Además, siente una profunda e intuitiva sensación de que el proceso que están viviendo es de crecimiento personal y de iluminación final. Esta actitud, sea cual sea su verdad final, es única en mi experiencia entre los padres de los abducidos.

El padre de Scott, Henry, ha sido mecánico durante veinte años y recientemente ha iniciado otro negocio. Henry es cauteloso a la hora de hablar de sus sentimientos y opiniones, pero también apoya a sus hijos. Cree en lo que han informado, pero tiene más bien una actitud de "muéstrame" hacia los OVNIs y los extraterrestres. Scott tiene un hermano, Robert, que no ha informado de ninguna relación con las abducciones.

. . .

Emily describe a Robert como una persona que escucha de forma "distante" pero que le apoya cuando el tema sale en casa. Robert está casado y tiene tres hijos, dos niñas de tres años y un bebé de un año y medio (en enero de 1993), ninguno de los cuales parece estar involucrado en el fenómeno de las abducciones.

Scott se siente agradecido por su vida familiar, generalmente positiva, y no puede relacionar sus experiencias de abducción con ningún trauma oculto u otros aspectos de esta. "Miro a mi familia y miro la forma en que he crecido y no coincide en absoluto", dice.

Cuando conocí a Scott, llevaba varios meses lidiando con un trauma relacionado con una experiencia de abducción ocurrida en abril de 1990, en la que vio conscientemente seres pequeños ("los bajitos") en su habitación. Relacionó la experiencia con un recuerdo de haber visto los mismos seres en su habitación y un "platillo volante" en el exterior cuando tenía diez años.

A través de organizaciones de OVNIs y una larga cadena de referencias, Scott finalmente fue remitido a una terapeuta.

Ella le ayudó, y en su trabajo, que incluyó varias sesiones de hipnosis, recuperó recuerdos de experiencias de abducción que se remontaban a los tres años. Scott ha asistido regularmente a las reuniones del grupo de apoyo desde noviembre de 1991, y él y yo hemos mantenido el contacto fuera de las reuniones.

Hicimos dos sesiones de hipnosis en marzo y diciembre de 1992, que Scott buscó para descubrir y expresar sus emociones enterradas más intensamente y para explorar un modelo de curación más co-investigativo, menos terapéutico.

Los detalles de la historia temprana de Scott se obtuvieron de los registros médicos del Children's Hospital Medical Center de Boston de cuando tenía catorce años y fue evaluado por "episodios confusos previamente etiquetados como convulsiones". A los seis meses su madre informó de que había tenido una convulsión asociada a la fiebre, y declaró que en su quinto cumpleaños tuvo "una convulsión generalizada" en ausencia de fiebre pero acompañada de dolor de oído.

. . .

No fue evaluado por un médico en ese momento, pero se llamó a su médico y éste atribuyó el ataque a la "excitación" del día. Scott ve ahora ese momento como un "ataque de pánico post-abducción".

La primera experiencia de abducción que Scott ha recordado ocurrió cuando tenía tres años. En el verano de 1991, con la ayuda de la hipnosis, él y su terapeuta estaban explorando los acontecimientos relacionados con el período en el que tenía unos nueve años cuando "salté de nuevo a cuando tenía tres años jugando en la tierra fuera... y de repente, boom. Me di la vuelta, estaba jugando con mis camiones, y ellos estaban allí".

Por el rabillo del ojo vio que aparecían dos seres de la nada y luego una especie de vara "me puso debajo".

Recuerda que corrió hacia su madre. Tras ser devuelto, se sintió frustrado porque no podía contar lo que había sucedido. "Vi grandes hormigas por ahí", dijo. Recordar esta experiencia alarmó tanto a Scott ("salté claramente del sofá") que interrumpió las sesiones de hipnosis hasta su primera regresión conmigo.

• • •

A partir de los ocho años, Scott fue llevado repetidamente a los médicos, especialmente a los neurólogos, para la evaluación y el tratamiento de frecuentes dolores de cabeza punzantes que habían comenzado cuando tenía seis años, y una especie de "hechizos" o "convulsiones" que fueron mal descritas como ataques de "sensaciones extrañas", "despistes" o "episodios confusos". Inicialmente se le describió como "un niño inquieto de ocho años". Los dolores de cabeza se diagnosticaron como "migraña atípica" y se trataron con analgésicos suaves (calmantes).

Un electroencefalograma (EEG) inicial durante este periodo fue leído como ligeramente anormal, seguido de otros que fueron normales. Pero durante los años siguientes Scott fue tratado con dosis importantes de varios medicamentos anticonvulsivos que tuvieron poco efecto. Una nota de un paciente externo de cuando tenía quince años registra "alucinaciones visuales" desde los doce o trece años, en las que Scott dijo haber visto un triángulo de colores que giraba y "imágenes como una mujer ['figura femenina', dice Scott] inclinada sobre su cama, coches y escenas al aire libre, etc.".

. . .

Cuando Scott tenía dieciséis o diecisiete años, los diagnósticos de convulsiones en su expediente habían dado paso a "componentes psicoemocionales", los dolores de cabeza se habían convertido en "de origen tensional", las alucinaciones se describían como "sensaciones paroxísticas" y los electroencefalogramas eran normales. A los dieciocho años se le describió como algo deprimido y "apático".

A los diecinueve años, se suspendieron los medicamentos anticonvulsivos y se acabaron las visitas médicas. A Scott le molestaba lo que más tarde llegó a considerar procedimientos médicos desinformados e innecesarios. "Es increíble la cantidad de tonterías médicas", dijo cuando me reuní con él por primera vez, y en el grupo de apoyo, casi un año después, se opuso a lo que llamaba "drogarse a golpes".

Salvo por los miedos nocturnos, el mal humor, la dificultad para concentrarse y los demás síntomas que llevaron a sus padres a llevarle a tantos médicos para tratar de entender lo que ocurría, Scott sentía que su infancia era feliz y estaba llena de amigos y actividades.

. . .

Los síntomas de la capa de Scott guardan una relación compleja pero no del todo clara con las experiencias de abducción de su infancia. Scott cree que se trata de "flashbacks", recuerdos revividos de sus anteriores abducciones. Emily ha preguntado repetidamente "¿Dónde estaba yo?" cuando Scott y Lee sufrían las abducciones; sin embargo, en comparación con la mayoría de los padres de niños abducidos, tanto ella como Henry han sido especialmente comprensivos.

"Es desconcertante", me escribió Emily en febrero de 1993, una semana después de su primera sesión de hipnosis conmigo, en la que se afirmó la profundidad de su compromiso con sus hijos, "que todo esto estuviera ocurriendo justo bajo nuestros ojos, por así decirlo, y que aparentemente no fuéramos conscientes de ello -en cualquier caso, conscientemente- y que recordáramos los comentarios de Scott refiriéndose al miedo de verlos en su habitación -plato volador fuera-, perro dormido -corriendo a nuestra habitación-, Henry saliendo fuera para ver lo que había fuera con su pistola. Recordamos esto, pero [estaba] en el fondo de nuestra memoria hasta que todo esto surgió hace un par de años cuando Scott dijo: '¿Recuerdas cuando era un niño?' y nosotros dijimos: '¡Oh, sí!'".

· · ·

Más tarde, Emily escribió que ella y Henry tenían miedo de un ladrón o intruso y también pensó que Scott había tenido un mal sueño.

Scott recuerda que sus encuentros en la infancia solían ocurrir cuando estaba al aire libre con Lee, mientras que Lee recuerda un "pequeño barranco" cerca de la casa donde ella y Scott jugaban mucho y que ha llegado a creer que fue uno de los lugares de sus secuestros. Lee dice que "nos encantaba", pero cuando era adolescente dejó de jugar allí. "Solía pensar en el lugar como un sitio especial". Cuando Pam Kasey visitó a la familia en su casa de Massachusetts en marzo de 1992, Scott y sus padres hablaron de varios avistamientos de ovnis que la extensa familia había experimentado a lo largo de los años. Scott recuerda haber "visto una nave" a la edad de ocho o nueve años mientras montaba en bicicleta y se lo comunicó a su tío. Pero una experiencia de abducción que describe como "algo grande", que había permanecido "enterrada" en su mente hasta que salió a la superficie en una sesión de hipnosis con su terapeuta, comenzó en su habitación cuando tenía diez años.

. . .

Scott vio "un platillo volante en el exterior" y luego vio a varios seres entrar en la habitación. Pusieron a dormir al perro que estaba en el pasillo, "de alguna manera con la vara...". Cuando terminaron conmigo" Scott se asustó, ya que "sabía que iban a subir a la habitación de mis padres". Scott recuerda: "Subí corriendo -esto fue después de [el] suceso- y les conté lo que había pasado y les dije que había un platillo volante fuera, y mi padre sacó su pistola. Se cagó de miedo -todo el mundo lo estaba-, cogió su pistola y salió fuera y no había nada más que naturaleza". Scott recuerda: "Cuando era un niño, estaba muerto de miedo de que fueran a matar a mis padres".

Los seres le parecían "como un poder mayor que sus padres". A pesar de sus temores, Scott también sintió que los seres eran de alguna manera "más sabios que mis padres", aunque no está seguro de si se trata de "ellos mismos" o de "la sabiduría creada por toda la experiencia". Scott describe la "telepatía" que experimenta durante los encuentros como "un canal bidireccional. Ellos conocen tus pensamientos y tú puedes ver los suyos. Es bastante traumatizante por su desconocimiento".

. . .

La siguiente experiencia de abducción que Scott ha recordado está relacionada con una figura femenina que se inclina sobre su cama cuando tenía doce o trece años, mencionada anteriormente en una nota de la consulta externa. Más o menos en esa época, Scott fue remitido a un psicólogo para ver si había una causa emocional de su angustia. Pero incluso con una larga psicoterapia, se hicieron pocos progresos para descubrir su origen. El encuentro con la figura de la mujer, que formaba parte de una experiencia de abducción, se relatará en detalle en relación con su segunda sesión de hipnosis conmigo.

Scott no recuerda ninguna otra experiencia discreta de abducción hasta abril de 1990, cuando vio conscientemente a varias entidades en su habitación después de haber sentido su presencia en su mente. "Quienquiera que fuera esta gente, no era de por aquí", recordó en su primer encuentro conmigo. "Eran las mismas personas. personas. Lo sabía", dijo, que habían estado presentes en su habitación cuando tenía diez años. Alarmado por la experiencia, buscó ayuda como se ha descrito anteriormente.

. . .

Después de la inducción hipnótica Scott habló casi inmediatamente de sentirse "loco". A continuación, repasamos los acontecimientos de esa noche de abril antes de que comenzara la abducción. Había bebido un par de destornilladores, había tocado el piano y había hablado en general de su vida en el salón con su madre y su padre (en ese momento todavía vivía con sus padres), que estaban viendo la televisión. Se fue a la cama un poco antes de lo habitual -a las diez- sintiéndose tenue y vulnerable sobre el curso de su existencia.

Mientras se preparaba para dormir y "se metía en la cama", Scott sintió cierta ansiedad por el rodaje de una nueva película prevista para el día siguiente.

Scott recuerda haber leído una revista, y antes de poder dormirse sintió que los seres estaban "ahí, en mi mente". A medida que su miedo aumentaba en nuestra sesión, Scott habló de la pérdida de privacidad mental y de la familiaridad de estas sensaciones. Su habitación no tenía puerta, y una luz inexplicable entraba desde la dirección del cuarto adyacente de la lavadora/secadora de ropa.

. . .

La respiración de Scott ahora se producía en fuertes y cortos jadeos mientras hablaba de "seis" de "ellos" con cabezas "cuadradas" y "angulares" que estaban "detrás de mí". Luego vio una "vara de punta redonda" que empujaba hacia él, lo que Scott relacionó con la forma en que estaba anestesiado. "Saben que soy consciente", dijo Scott, y "me anestesiaron" para que "no pudiera moverme" tocándole con una varilla detrás de la oreja.

En ese momento, un "zumbido" en su oreja derecha cambió a un pitido y "perdí el control de mi cuerpo".

Entonces todo lo que Scott vio fue una pantalla como la de un monitor de televisión que se estaba "fritando".

Los recuerdos de su vida pasaron por delante de él, como sentía que había ocurrido "tantas veces" durante las abducciones, y sintió que luchaba por proteger su mente "para que no pudieran tocarla". Después de esto, perdió literalmente el conocimiento, aunque había estado diciendo "tan rápido como pude, 'tengo que recordar, tengo que recordar".

. . .

A continuación, Scott recordó que estaba en una mesa en presencia de dos figuras parecidas a médicos con piel extraña, de color bronceado y blanco, que llevaban "gafas" y batas blancas, y varios seres más bajos con "trajes militares". Los seres tenían ojos profundos, negros y ligeramente rasgados, con bordes grises alrededor. "Los odio" por "arrebatarme a mi madre cuando era joven", dijo Scott, y "por no decirme quiénes son".

"Tienen curiosidad por mí", y "tengo curiosidad, pero odio lo que han hecho".

"¿Qué han hecho?" Pregunté.

"Me han utilizado".

Los seres colocaron entonces una "cosa de grifo, como una succión" sobre el pene de Scott. Este dispositivo estaba conectado por un tubo a una caja al lado de la mesa.

. . .

En este momento Scott tuvo una especie de experiencia extracorporal por el miedo, ya que miró hacia abajo y vio su cabeza sobre una almohada en forma de bloque y cuatro púas que le presionaban el cuello, en lo alto, justo debajo del cuero cabelludo, que también sintió que le empujaban. Scott creía que eran como "electrodos" que se utilizaban para manipular y controlar sus movimientos y sentimientos. En este punto de nuestra sesión, y también en ese momento, se sentía tranquilo, aunque se enfada cuando recuerda lo que le hicieron.

Animé a Scott a centrarse a través de su respiración y a expresar cualquier sentimiento que estuviera cerca de la superficie. Emitió un fuerte gruñido al hablar de su terror desnudo, su sensación de violación y su miedo a las lesiones corporales.

Se dio cuenta de la rapidez con la que tiende a "levantar los muros" para protegerse.

Ahora veía más luz en la habitación y, por primera vez en esta sesión, habló de los "cables" que le habían puesto en los testículos.

. . .

Fueron estos cables, observó Scott, en combinación con el dispositivo de succión sobre su pene los que estimularon su erección y estaban "haciendo que sucediera" y "sacando cosas", es decir, su "esperma". Toda la experiencia, dijo Scott, "parece increíble".

Los seres comunicaron telepáticamente a Scott que estaban "haciendo [realmente sacando] más cosas blancas" con un propósito. Lo estaban usando "como un padre... tomando lo que sea, mis bebés". "Todo el material" que le quitaban estaba siendo utilizado, sabía Scott, para "hacer bebés". En este punto surgieron fuertes sentimientos de vergüenza para Scott, y le expliqué que no tenía ninguna razón para estar avergonzado, ya que se había enfrentado a poderes o formas de energía contra los que era totalmente impotente. "Estoy loco", dijo, gruñendo de nuevo, pero "no puedo luchar...". Saben exactamente lo que están haciendo", comentó Scott, "por eso lo encubren. No quieren que lo recordemos".

Volví a llevar a Scott al aspecto traumático y vergonzoso de su experiencia. Una vez más, se negó a revivir su humillación. "No me acuerdo.

· · ·

Es demasiado doloroso", dijo, "demasiado emocional...". No tuve elección", admitió. "No es mi culpa". Pero rápidamente añadió:

"Debería haber sido capaz...".

"Tonterías", dije y reiteré lo que le había dicho sobre los poderes del universo que escapan a nuestro control.

De nuevo Scott expresó su enfado, y yo le aseguré que "no podía hacer nada".

Después de esto, Scott recordaba haberse "dejado caer en la cama" de su habitación sintiéndose muy asustado y también enfadado, pero no recordaba cómo le habían devuelto. Tenía la sensación de que los seres habían estado "jugando con mi cabeza", dejando información de algún tipo a la que no podía acceder. Después de salir de la regresión, Scott quedó impresionado por el poder de las emociones que había experimentado.

"Nunca había tenido esas emociones, nunca, nunca". Se "sintió bien", dijo, dar expresión a través de su voz y su cuerpo a unos afectos tan fuertes y reprimidos.

La intensidad de su ira molestó a Scott. "Me asusta el daño que pueda causar", dijo. La "experiencia completa", dijo, "cuando se devuelve al cuerpo libera estas cosas".

"Somos los patrones emocionales que estructuran las cosas y nuestra reacción". También se sintió asombrado por la intensidad y el brillo de la luz que había visto mientras estaba en la mesa. Como resultado de la regresión sintió que tenía más acceso en esta realidad ("normal") a las experiencias vividas durante la abducción. Scott también se quedó con la sensación, como es común en los abducidos, de que su mente había sido manipulada o alterada "eléctricamente". Era consciente de que todavía había "muros por todas partes" y de que había mucho más dentro de él que quería recordar.

El período de nueve meses que transcurrió entre nuestras dos regresiones fue una época de rápidos cambios para Scott. Trajo a Ann, que seguía en Boston una semana después de la primera regresión, a la reunión del grupo de apoyo del 23 de marzo. Pusieron al grupo al corriente de los progresos de la miniserie.

. . .

Durante la reunión, Scott reflexionó sobre una mayor preocupación por las cuestiones filosóficas y religiosas, como "quién tiene el control" y los posibles puntos de vista de Dios. Por esa época Scott también hizo varias apariciones en televisión, incluido un programa horrible en un canal de Boston en el que se presentaba de forma humillante, pero no atípica, como un joven que había tenido relaciones sexuales con extraterrestres. A medida que avanzaba la primavera, tenía cada vez más dificultades para integrar la estimulación y el estrés relacionados con su gran exposición pública, y tenía reuniones más frecuentes con su terapeuta relacionadas con este malestar. Su terapeuta y yo discutimos su caso, y derivé a Scott a un psiquiatra de mi hospital para que le recetara un tranquilizante suave, que ayudó a reducir su tensión. Ella describió a Scott como inicialmente deprimido, ansioso, "muy vulnerable" y confundido sobre lo que le había sucedido. Le parecía una persona traumatizada que había experimentado "un tipo de trauma diferente", manifestando la hipervigilancia y la dificultad para relajarse "que se ve en otros supervivientes de traumas". En cuanto a la historia del secuestro, "no sé qué hacer con ella", dijo.

"Está claro que le pasó algo malo".

. . .

Uno de los efectos de la crisis de impotencia y vulnerabilidad de Scott en el verano de 1992 fue reunir el apoyo de su familia, especialmente de su madre y su hermana, que empezaron a acudir a las reuniones del grupo de apoyo. En septiembre se sentía claramente mejor, hablaba en el grupo de apoyo de la necesidad de tener sentido del humor y seguía quejándose de la constante intrusión de la presencia alienígena en su mente, una especie de pérdida de privacidad. Emily contó al grupo de forma conmovedora cómo "dos de mis hijos se han visto afectados", y habló de la poca comprensión que había tenido del "terror extremo" al que se había expuesto Scott en sus abducciones. En octubre ya hablaba con más audacia de que había superado el miedo y de su lucha "por integrar" sus experiencias.

Scott habló cada vez más durante el otoño de 1992 de las dimensiones espirituales de sus experiencias de abducción. En la reunión del grupo de apoyo del 9 de noviembre dijo que "la exposición a ellas" había "abierto algo en mí...". Es casi como si te dieran un salto intenso a un reino espiritual para el que ni siquiera estás preparado, como si los yoguis pasaran por toneladas de trabajo para llegar a cierto punto".

. . .

Lee, que estaba a punto de marcharse a la India, habló de las "dificultades que la gente suele sufrir a manos de sus maestros espirituales".

La reacción instintiva y temerosa del cuerpo ante los encuentros con los extraterrestres que Scott sentía era "una reacción natural" a "nivel de especie" cuando se enfrenta a algo tan profundo y desconocido. No podía "imaginar a nadie reaccionando amablemente o sintiéndose seguro", al menos inicialmente. Pero hacia el final de la reunión, Scott preguntó: "¿Cuáles son mis opciones?" y dijo al grupo: "Aunque la forma en que pienso muchas veces es lo enfadado que estoy, y lo molesto que estoy, y lo mal que mi ego ha sido dañado o aniquilado, sólo hay una forma de pensar en ello si quiero vivir, y es buscar o encontrar lo que haya de positivo en ello, lo cual, Dios, es muy difícil para mí en este momento...". Pero ese parece ser el único hilo que me mantendrá vivo".

El 16 de diciembre de 1992, me reuní con Scott a petición suya para revisar su curso y, como resultó, para planificar otra regresión.

. . .

En esa sesión me dijo que una noche, unos diez días antes, como parte de su creciente apertura a la presencia alienígena, pidió a los seres que "me mostraran una señal" de su existencia real. Hacia las dos o tres de la madrugada experimentó, en un estado parcialmente despierto, la sensación de que "alguien me tocaba por detrás". Se asustó mucho, pero el toque continuó: "era casi como una burla". La concreción de la respuesta a su petición alarmó a Scott. "Pedí que me mostraran algo y lo hicieron... en cierto modo", dijo.

Hablamos -las conversaciones con los abducidos a menudo van en esta dirección- sobre si los seres humanos en general estaban preparados para percibir la presencia alienígena. Scott sentía, como muchos abducidos, que nuestra actitud destructiva hacia cualquier cosa desconocida o extraña haría peligroso que los alienígenas se manifestaran de forma más evidente ante nosotros.

Muchos abducidos comienzan a seguir un camino espiritual más explícito a medida que se abren a la profundidad y al significado de sus experiencias.

. . .

El propio Scott, además de su creciente curiosidad por las dimensiones espirituales del fenómeno, había comenzado a reunirse con un acupuntor y, más recientemente, con un sanador chamánico. También estaba desafiando cada vez más el modelo de tratamiento tradicional. Scott dijo de algunos de los terapeutas a los que había acudido: "Siento que podría curar, que podría ayudarles más de lo que ellos podrían ayudarme a mí, y eso suena completamente arrogante, lo sé". Su petición de llevar a cabo otra regresión formaba parte del deseo de Scott de superar los traumas de sus abducciones y establecer una relación más recíproca, mutuamente comunicativa, con los seres extraterrestres.

Programamos la sesión para cinco días después.

Al principio de la sesión revisamos lo asustado, necesitado y vulnerable, pero también más vivo, que se había sentido Scott durante el verano. Aunque había tenido una experiencia de abducción reciente, decidimos hacer una regresión "abierta".

En los últimos meses había descubierto que la propia sabiduría de la psique llevaría al experimentador a donde necesita ir en el trance y que el proceso de curación, integración y recopilación de información es mejor si no se "apunta" a un evento de abducción específico. Antes de la regresión, Scott habló de su "miedo a dejarse llevar" y de su determinación de no "contenerse" en esta sesión.

Al comienzo de la regresión, tras varias pausas de treinta a sesenta segundos, Scott habló de sentir la presencia de "uno de ellos" de pie junto a una mesa en la que estaba tumbado de espaldas. Tenía trece años y dijo que nunca se había enfrentado ni recordado lo que le ocurrió a esa edad. Percibió un tubo cilíndrico que estimó de diez centímetros de diámetro y que formaba parte de una máquina cerca de una pared. La imagen del tubo, que parecía apuntar a su pecho, era inquietante y entraba y salía de su conciencia. También tuvo imágenes de otras "herramientas", como un instrumento curvo con forma de plátano, en otra mesa cercana.

Pronto recordó haber visto una figura femenina no humana que llevaba una bandeja con varios cilindros, cada uno de los cuales contenía un pequeño bebé "con gafas...".

Estoy muy enfadado", dijo Scott, pero "no sé qué están haciendo". La "mujer", que se había acercado bastante a él (recuerda la "alucinación" que tuvo a los doce o trece años de una figura femenina inclinada sobre su cama), salió de la habitación y Scott se dio cuenta de que los extraterrestres -probablemente esta misma figura- habían estado tomando sus "semillas" con el propósito de hacer los bebés que le acababan de mostrar.

Scott se da cuenta ahora de que su miedo le impidió mirar directamente a los seres, aunque lo había atribuido a su carácter esquivo.

También especuló que si hubiera recordado haber visto a los seres durante esta (o estas) experiencias, podría habérselo contado a sus padres, cosa que los alienígenas le dijeron que no hiciera. Porque él era "parte de su familia", explicó uno de los seres le explicó.

"Si soy parte de su familia, ¿por qué estoy aquí?" preguntó Scott. Le animé a explorar esa pregunta.

. . .

Seguía recibiendo imágenes de un cilindro vacío, de unos 15 centímetros de diámetro y unos 30 de largo, con un líquido claro en su interior. "Quiero ser uno de ellos" y "quiero ser uno de mí", dijo Scott, "pero no puedo ser las dos cosas".

"¿Por qué no?" Pregunté.

"Entonces nunca estoy en casa de cualquier manera".

A continuación, Scott recordó que le habían bajado a un enorme lugar subterráneo, con paredes de roca, por uno de "un montón" de ascensores que se movían rápidamente. Hacía calor allí, pero "mejor que la familia aquí", ya que "lo saben todo sobre mí. No hay secretos".

Sin embargo, "da miedo" y "se siente raro". En este punto sentí que Scott estaba juzgando la verdad de lo que estaba ocurriendo con su mente analítica y le animé a que se limitara a relatar su experiencia en bruto, guardando los juicios para más adelante.

. . .

"No puedo creer que estén aquí", dijo Scott. "Cuando vienen a por mí saben todo lo que sé". Dijo que le hacía sentir mal que no le dejaran hablar de esas experiencias. Se preguntó: "¿Por qué no se quedan?". No recibió respuesta a esta pregunta, salvo que ellos y nosotros "no estamos preparados". Dijo que los seres están en proceso de cambiar físicamente "para poder respirar aquí". No respiran igual que nosotros".

Scott reveló otros problemas para nuestras dos especies en caso de que la presencia de los alienígenas se manifieste a gran escala demasiado pronto. "No estamos a la altura de su velocidad", dijo. "Ellos piensan mucho más rápido que nosotros", y "van a hacer que no nos hagan daño".

"¿Cómo podría su pensamiento más rápido perjudicarnos?" pregunté.

Es "confuso cuando nos hablan con sus mentes", respondió. "Demasiada información. Nuestras mentes no están acostumbradas a ese contacto: es una sobrecarga sensorial".

. . .

En este punto, la sesión dio un giro interesante. Scott reconoció que él mismo había persistido en negar la existencia de los extraterrestres, y le pedí que explorara qué era exactamente lo que estaba negando. Para mi sorpresa, respondió: "negar que soy uno de ellos". Reconocer la existencia de los seres ha supuesto para él experimentar una especie de sentimiento de "vacío", una nostalgia de otro dominio. "Siempre he sabido", dijo, "que era diferente, que no era de aquí". Cuando era niño, recuerda Scott, "siempre quería huir. No podía entenderlo. Podía huir a cualquier parte, pero no podía llegar". Sabía que los seres no residían en nuestro sistema solar.

Scott comprendió entonces por qué nunca había querido mirar directamente a los seres. Con cierta dificultad dijo: "Mi humanidad no quiere ver esto".

"¿Qué es esto?" pregunté.

"Ellos... El lado humano", continuó, "no puede manejar el otro lado". El ser humano que hay en él reacciona con miedo, "como un animal. . . Parecen animales, y tú actúas como un animal asustado.

Es el instinto". Sin embargo, subrayó, los humanos deben "parar" y darse cuenta de que los extraterrestres, a los que de niño llamaba los "tenebrosos" por sus grandes ojos negros, al igual que nosotros, "están vivos". Tenemos que aprender que aunque "parezcamos diferentes" y "pensemos diferente... todos somos vida".

Los recuerdos de Scott pasaron entonces a la visión apocalíptica que he escuchado cada vez más de los abducidos. Se avecinan grandes cambios en el mundo.

Los alienígenas sólo vendrán "cuando sea más seguro".

Pero eso no ocurrirá hasta que haya "cada vez menos" de nosotros a medida que vayamos muriendo de enfermedades, especialmente formas más contagiosas de SIDA que alcanzarán proporciones de plaga. Este material era aterrador y muy triste para Scott, y también sentía que no le estaba "permitido" hablar de ello. Aunque estaba convencido de ello, dijo: "Sólo espero estar equivocado".

. . .

En este punto de la sesión, Scott pasó a percibir desde la perspectiva alienígena, y vio la tierra como un cuerpo azul debajo de él. Había elegido venir aquí desde otro planeta porque era "el más cercano a nuestro lugar de origen". No sabía el nombre de ese planeta, pero era amarillo, mayoritariamente desértico y carente de agua. Antes había habido árboles y agua, pero algo relacionado con la "ciencia" -no sabe exactamente qué- "salió mal" y su gente "se fue bajo tierra".

Scott se sintió "enfermo" por dentro y sollozó al contar cómo la ciencia "destruyó nuestro planeta". Naturalmente, tenía curiosidad por saber si Scott tenía más información sobre cómo se había producido esto. Pero no lo hizo, salvo para observar que, de alguna manera, la especie alienígena "sabía antes" de que se produjera la destrucción, pero parece que no pudo evitarla.

Tras la regresión, recordó que la destrucción se había producido por "algo que ellos hicieron y que no pudieron detener", y que en su planeta los alienígenas viven en un "entorno artificial".

. . .

Con bastante resistencia, Scott admitió que la intención de los alienígenas era "vivir aquí" (en la Tierra) pero sin nosotros, a menos que "los humanos cambien", en cuyo caso "podríamos vivir juntos". Luego contrastó la forma de ser de los humanos con la de los alienígenas. Los seres humanos "están solos" y "no comparten". En el reino alienígena "nadie está en su propio mundo" y "todo el mundo lo sabe todo. No hay secretos". Le pregunté por él mismo. "Soy uno de ellos", dijo, pero en su identidad humana impone límites a su capacidad de amar y compartir debido a "mi propia ignorancia".

Le pregunté: "¿Qué más?".

"La tradición", "todo el enfoque de mi vida, mi independencia", dijo. Debido al "miedo a ser herido, a no conseguir lo que quieres, al miedo a no recibir", a los seres humanos les cuesta "abrirse y confiar en que está bien" dar y sentir amor.

El cambio "tiene que empezar en algún sitio", dijo Scott, y le pregunté por su papel de liderazgo como una especie de intermediario entre las dos especies.

. . .

"Va a haber mucho trabajo", dijo, y "va a llevar mucho tiempo". Le pregunté si creía que había tiempo. "Sí, creo que sí", respondió. Se estaba cansando, así que le pregunté si quería decir algo más antes de sentarse.

Dijo: "Hay que hacerlo de una forma u otra".

"¿Qué hay que hacer?" pregunté.

"Si no cambiamos, va a cambiar para nosotros". Luego añadió con cierta tristeza: "No creo que podamos vivir con ellos".

Después de la regresión, Scott se sintió incómodo por lo que había revelado. Le costaba confiar en la información que había recibido porque "no hay nada que lo refuerce cuando estás creciendo". Un reino "no tiene nada que ver con el otro", dijo, y rara vez, o nunca, se nos "expone" a la existencia del "lado de los extraterrestres".

. . .

El miedo sencillamente no existe en la "conciencia" de ese "lado", y por eso hay mayor libertad allí. Sin embargo, a Scott le resulta difícil y le entristece y le da miedo "reconocer cualquier cosa sobre" el mundo alienígena, especialmente que él forma parte de él. Porque eso significa "que no soy uno de nosotros [los humanos]". Hablé entonces con Scott sobre la posibilidad de integrar sus identidades alienígena y humana, y recordó cómo eso "simplemente no funcionaba cuando era un niño... La gente no vive así", dijo. "La gente es simplemente diferente". Le hablé de otros cuatro o cinco "agentes dobles" con los que estaba trabajando y de la posibilidad de que se reunieran en grupo, lo que le pareció una buena idea.

Después de esta sesión, Scott sintió un gran alivio, como si se hubiera quitado un enorme "peso". Recordó que desde su infancia se sentía con "dos personalidades" y habló de lo "loco" que siempre le había hecho sentir. Ahora cree que dudar y negar su experiencia extraterrestre ha sido un proceso destructivo en su vida, y se pregunta qué papel juega la telepatía en la existencia de la identidad dual.

. . .

Antes de concluir, Scott, Pam y yo seguimos hablando de lo que podría ser el proyecto alienígena/humano. "No creo que se estén deshaciendo de nosotros. Creo que están tomando parte de nosotros". Entonces "tendrán todo lo que nosotros tengamos, y ellos tendrán todo lo que tengan". Pero hay problemas con la integración de nuestra especie, pues "tú y yo, tal como somos, tal vez no nos mezclaremos".

Especulamos entonces sobre la relación de la presencia activa de los extraterrestres en nuestro planeta y la destrucción acelerada y catastrófica del entorno vital de la Tierra. "No es sólo una coincidencia", dijo Scott. A partir de la información que ha recibido, Scott duda de que podamos sobrevivir a "nuestra catástrofe" tan bien como los extraterrestres hicieron con la suya. "Para ellos no fue el comienzo de la ciencia. Quiero decir que ellos ya estaban muy avanzados en la ciencia antes de que esto ocurriera, pasara lo que pasara. Estaban mucho más adelantados que nosotros . . . Tenían los recursos" para sobrevivir. Presioné a Scott para que dijera más de lo que sabía de la relación entre nuestras dos especies. "No es sólo blanco y negro", dijo, "las dos partes. Hay una correspondencia entre los dos".

. . .

Mi última pregunta tenía que ver con su reticencia a mirar a los ojos de los alienígenas. Respondió que cuando experimentaba la perspectiva alienígena sentía que estaba viendo la realidad a través de sus ojos. Pero como humano "tenía miedo" a "porque me estaría mirando a mí mismo".

"¿A ti mismo como qué?" pregunté.

"Como uno de ellos", respondió. Le presioné para que dijera qué era lo que le daba miedo, pero no lo supo.

Simplemente añadió: "Toda mi vida ha sido inútil.

Todo lo que he hecho ha sido insignificante".

"¿Comparado con qué?" pregunté.

"Si me hubiera dado cuenta de eso [su compleja doble identidad] hace mucho tiempo", respondió.

. . .

Al día siguiente de la regresión, Scott me dijo que se sentía "en paz" y que "todas mis preguntas desaparecieron rápidamente. Es increíble". El 8 de febrero dijo al grupo de apoyo que se sentía bastante "autosuficiente ahora". El 23 de diciembre me escribió una carta que acompañaba a una tarjeta de Navidad. Tras escribir con empatía sobre el "inmenso" peso que sospechaba que tenía "lo que tú [refiriéndose a mí] sabes", compartió más información que le había llegado desde la regresión.

"El éxito en la tierra requeriría un cambio increíble", escribió, "un cambio de la gratificación del ego a la aspiración de lograr, pero aspirando a deshacernos del defecto humano". La dificultad, continuó, es "erradicar los defectos humanos sin destruir la propia máquina.

Están muy pegados. Los dolores de crecimiento son extremos pero necesarios". Comunicándose con su voz alienígena, escribió a continuación: "Nuestras capacidades intelectuales y el alcance de nuestra visión es demasiado para que los humanos puedan entenderlo.

. . .

Los traductores, como yo, son necesarios para establecer contacto. . . Siempre lo he sabido. Siempre he negado [su identidad alienígena]. Siempre he querido olvidar, pero yo no soy así. La realidad atraviesa la gruesa pantalla de las defensas humanas."

""Continúa el estudio de la lucha de conciencias entre humanos y alienígenas. Se están integrando, cada uno aprendiendo del otro... Ahora estoy en paz. Me doy cuenta de que el conflicto continuará dentro de mí, pero he alcanzado el punto de inflexión en el que mi poder de descontrol ha superado al de mi lado humano."

"Temo a los humanos más que a nada", continuaba la carta. "Hemos intentado cambiarlos muchas veces.

Muchos miembros de nuestra especie han sido destruidos en el proceso. . . Debo decir que el ser humano tiene emociones muy elevadas, demasiado para que yo las procese a veces. Somos muy sensibles, pero nuestras emociones no son tan primitivas como las tuyas. Vuestras emociones son una recreación en cierto sentido.

Estamos contentos de poder sentir más de lo que normalmente sentimos. Nuestra fascinación [por los humanos] gira en torno a esto. Nuestro proceso evolutivo ha considerado que las emociones son menos importantes que la comprensión, pero para nosotros las emociones son como un caramelo para un niño. Es como una droga con la que disfrutamos mucho".

"Es interesante", concluía la carta, "que esto mismo es lo que también os hace tan peligrosos para nosotros.

No creo que sea seguro para mí salir todavía. Tendrán que pasar algunos años. Siento que hay mucho que deseo transmitir, y siento que en un momento muy cercano debe haber una reunión de los altos poderes de su mundo con nosotros." Aunque pasó algunas noches de ansiedad después de la regresión, en los meses siguientes Scott avanzó rápidamente hacia la consecución de una mayor paz mental, un mayor sentido de la energía y el propósito, la integración de su identidad humana/alienígena, y una comprensión más profunda del significado que tenían para él sus experiencias de abducción.

. . .

Estaba seguro de la información que había recibido y transmitido en nuestras regresiones, y sentía que por primera vez podía afrontar sus implicaciones de forma honesta y realista.

5

Helicópteros misteriosos, OVNIs y abducciones

Es el momento, ahora, de demostrar las profundas conexiones entre los helicópteros negros y la actividad OVNI -que incluye las abducciones alienígenas. Cuando, en 1975, se reportaron mutilaciones de ganado en gran parte de los Estados Unidos, los informes de encuentros con OVNIs estaban en su apogeo. Por si fuera poco, esos misteriosos helicópteros estaban observando esa misma actividad OVNI-y muy cuidadosamente, también. Los archivos desclasificados de la Fuerza Aérea de los Estados Unidos sobre los incidentes de 1975 hacen una muy buena causa de que una verdadera invasión OVNI estaba ocurriendo-una invasión que tenía como objetivo principal las instalaciones militares.

. . .

Un informe de la Fuerza Aérea de 1975, con el llamativo título de "Sospechosa Actividad Aérea Desconocida", afirma:

"Desde el 28 de octubre de 75 se han recibido numerosos informes de objetos sospechosos recibido en el CC del NORAD. Personal militar de confianza en Loring AFB, Maine, Wurtsmith AFB, Michigan, Malmstrom AFB, MT, Minot AFB, ND, y la estación de las fuerzas canadienses Falconbridge, Ontario, Canadá han avistado objetos sospechosos. Los objetos en Loring y Wurtsmith fueron caracterizados como helicópteros. El personal del sitio de misiles, equipos de alerta de seguridad y personal de defensa aérea en Malmstrom, Montana informan de un objeto que sonaba como un jet. La FAA informó que no había aviones a reacción en las cercanías. Los radares de búsqueda y de altura de Malmstrom llevaron el objeto entre 9500 pies y 15,000 pies a una velocidad de siete nudos. El personal informó que el objeto estaba a 200 pies de altura y dijo que cuando los interceptores se acercaron las luces se apagaron, después de que los interceptores después de que los interceptores habían pasado las luces se encendieron de nuevo. Minot AFB el 10 de noviembre informó que el sitio fue zumbado por un objeto brillante del tamaño de un coche a una altitud de 1.000 a 2.000 pies. No hubo ruido emitido por el vehículo".

Un oficial cuyo nombre ha sido borrado de los archivos disponibles dijo lo siguiente en un memorando oficial: "Tengan la seguridad de que este mando está está haciendo todo lo posible para identificar y proporcionar información fáctica sólida sobre estos avistamientos. También he expresado mi preocupación a la SAFOI para que se proponga cuanto antes una respuesta a las preguntas de la prensa para evitar la reacción excesiva del público a los informes de los medios de comunicación que pueden ser que pueden ser exageradas. Hasta la fecha, los esfuerzos de los helicópteros de la Guardia Aérea, los helicópteros del SAC y los F106 del NORAD no han logrado una identificación positiva".

Las cosas se pusieron aún más intrigantes cuando algunas de las instalaciones militares cuyo personal informó de los incidentes OVNI pronto tuvieron algo más que tratar: helicópteros sin marcas que volaban los cielos por la noche y que comprobaban los mismos lugares donde los OVNIs fueron vistos sólo unas noches antes. Esto se demuestra perfectamente en un informe oficial de la Fuerza Aérea titulado "Defense Against Asalto de Helicópteros".

. . .

En él se dice: "Las dos últimas noches en una de nuestras bases del norte, se ha observado un helicóptero no identificado sobrevolando y en las proximidades del área de almacenamiento de armas. Los intentos de identificar esta aeronave han tenido hasta ahora resultados negativos".

Una historia casi idéntica se cuenta en otro documento de la Fuerza Aérea, éste documento de la Fuerza Aérea, titulado "Helicóptero no identificado visto a bajo nivel sobre Loring AFB". El archivo es muy extenso, pero un par de extractos concretos servirán para aclarar la cuestión:

"El 28 de octubre de 75, Lewis... informó que el a/c [avión] fue observado por primera vez observado por Clifton W. Blakeslee, sargento [borrado] y William J. Long, Sargento, ambos asignados al 42 SPS, que estaban de servicio en el área de en la zona de almacenamiento. El avistamiento inicial tuvo lugar aproximadamente a las 13:45 horas. El avión se observó a unos 1.000 metros al norte de la base aérea. El avión fue posteriormente observado por Lewis y otros de forma intermitente durante la siguiente hora y media.

. . .

Después del avistamiento de Long y Blakeslee, el avión no se acercó al perímetro norte de la base aérea más de aproximadamente 3 millas. Lewis observó una luz estroboscópica blanca intermitente y luces rojas de navegación en el avión. El operador del avión o bien apagó las luces periódicamente o el avión voló por debajo de un punto desde el que se podían observar las luces. El avión desapareció de la vista y no volvió a aparecer. El personal de la SPS buscó en las inmediaciones del perímetro norte de la LAFB y obtuvo resultados negativos".

El misterioso asunto se desarrolló aún más:

"El 28 de octubre de 75, el Comandante, 42 8W, informó que respondió a la zona desde la que se observó el avión no identificado. Llegó aproximadamente a las 1955. El avión llevaba una luz blanca intermitente y una luz ámbar o naranja. La velocidad y el movimiento en el aire sugieren que la aeronave era un helicóptero [el énfasis es mío]. Desde las 13:45 hasta las 20:00, el avión estuvo bajo observación constante. A partir de ese momento, el avión aparecía y desaparecía de la vista. El avión penetró definitivamente en el perímetro norte de la base aérea y en una ocasión se acercó a menos de 300 metros del perímetro del almacén de municiones.

Los esfuerzos para identificar el a/c a través de la Policía Estatal de Maine y los departamentos de policía locales no tuvieron éxito".

Como muchos encuentros OVNI referenciados en las páginas de este libro, los misteriosos eventos de 1975 nunca fueron resueltos a satisfacción de los militares y de la comunidad de inteligencia.

El 7 de noviembre de 1975, la Base de la Fuerza Aérea de Malmstrom experimentó una extraña actividad aérea en las horas de la mañana: "Recibimos una llamada del 341º Puesto de Mando Aéreo Estratégico, diciendo que los siguientes lugares de misiles informaron haber visto un gran objeto de color rojo a naranja y amarillo: M-1, L-3, LIMA y L-6. La ubicación general del objeto estaría a 10 millas al sur de Moore, Montana y 20 millas al este de Buffalo, Montana".

Luego, poco después de la una de la tarde, se registró lo siguiente: "SAC informó a K-1 que un objeto muy brillante al este está ahora al sureste de ellos y lo están viendo con binoculares 10 x 50. El objeto parece tener luces (varias) en él, pero no tiene un patrón definido.

El objeto anaranjado/dorado sobre ellos también tiene pequeñas luces. El SAC también informa que una mujer civil reporta haber visto un objeto en dirección sur desde su posición a seis millas al oeste de Lewsitown".

El Comando de Defensa Aérea de América del Norte (NORAD) fue golpeado también por la ola de intrusiones misteriosas. Su personal informó lo siguiente: "Esta mañana, 11 de noviembre de 75, el CFS Falconbridge informó de la búsqueda y el buscador de altura radar de búsqueda y altura sobre un objeto hasta 30 millas náuticas al sur del lugar que oscilaba en altitud de 26.000 a 72.000 pies. El comandante del sitio y otros personal dicen que el objeto apareció como una estrella brillante pero mucho más cerca. Con binoculares el objeto aparecía como una esfera de 100 pies de diámetro y parecía tener cráteres alrededor del exterior".

El material anterior es sólo la punta del iceberg.

Cientos de páginas de archivos antes clasificados sobre la ola de ovnis-helicópteros de 1975 están ahora en el dominio público. Cuando se estudia cuidadosamente, se hace un caso muy fuerte que cuando los OVNIs se inmiscuyeron en instalaciones militares sensibles, los helicópteros negros nunca estaban lejos.

También hay que tener en cuenta que este periodo concreto -noviembre de 1975, fue el mismo período en el que ocurrió una de las más famosas abducciones alienígenas de las que se tiene constancia. La víctima era un hombre llamado Travis Walton, un leñador secuestrado por seres alienígenas en el Bosque Nacional de Arizona el 5 de noviembre.

Walton estuvo desaparecido durante cinco días, durante los cuales fue sometido a los típicos experimentos intrusivos que son las tarjetas de visita típicas de los Grises.

Ahora, veremos cómo las tripulaciones de los helicópteros negros han aumentado, en las últimas dos décadas, su vigilancia de los abducidos por alienígenas.

. . .

Betty Andreasson es una conocida abducida por extraterrestres cuyos increíbles encuentros con criaturas extraterrestres -que comenzaron en 1967- han sido han sido relatados en numerosos libros por el investigador de OVNIs Raymond Fowler, incluyendo The Andreasson Affair, The Andreasson Affair-Phase Two, y El legado de Andreasson. El hecho de que Andreasson haya sido objeto de varios libros hace que no sea nada sorprendente que haya un archivo del gobierno sobre ella. Esta posibilidad se hace aún más probable por el hecho de que ella y su marido, Bob Luca, han tenido más que unos cuantos roces con los helicópteros negros. Los investigadores de ovnis Barry Greenwood y Lawrence Fawcett se interesaron particularmente en los encuentros con helicópteros que Betty y Bob informaron.

Greenwood y Fawcett dijeron que los esposos "informaron que su casa fue sobrevolada numerosas veces por helicópteros negros, sin marca, del del tipo Huey UH-1H y que estos helicópteros sobrevolaban sus casa a una altitud de hasta 30 metros". Los Lucas describieron estos helicópteros como de color negro, sin marcas identificables en ellos. Se dieron cuenta de que las ventanas también estaban tintadas de negro, para que nadie pudiera ver el interior.

Durante muchos de los sobrevuelos, Bob pudo tomar cerca de 200 fotosde los helicópteros". Raymond Fowler, quien fielmente hizo la crónica de la saga de Betty y Bob, reveló algo intrigante sobre este asunto, también: "Bob Luca se obsesionó con rastrear los extraños helicópteros que los acosaban en casa y en la carretera. Pero hasta la fecha, Bob sólo ha podido identificar uno de los helicópteros involucrados en los sobrevuelos. Lo rastreó hasta Sikorsky Aircraft. La torre de control le dijo que probablemente era un "Navy Blackhawk pilotado por una tripulación de aceptación militar". Bob envió una carta a Sikorsky y se quejó no sólo de su identificación contradictoria, sino también de que la aeronave no tenía ningún tipo de marca de identificación y volaba peligrosamente bajo sobre su casa".

Se trataba entonces de pasar la pelota, por razones de seguridad nacional. Hay otros ejemplos de la vigilancia secreta que Bob y Betty han tenido que soportar. En 1988, Bob fue citado en la revista Connecticut: "No tengo ninguna duda de que nuestro teléfono estaba intervenido. Compré un dispositivo que se supone que se supone que detecta las escuchas, y se encendió en nuestro teléfono, pero no en uno de los otros con los que lo probé".

. . .

También Betty tuvo una extraña experiencia en la misma línea: "Una vez cogí el teléfono para hacer una llamada y una voz en el otro extremo dijo "oficina del director". Pregunté: '¿Director de qué? y dijo: 'Oh, lo siento', y colgó.

Conclusión

Aunque algunos abducidos pueden recordar sólo una experiencia dramática, cuando se investiga cuidadosamente un caso, generalmente resulta que los encuentros se han producido desde la primera infancia e incluso desde la niñez.

Los indicios de abducciones en la infancia incluyen el recuerdo de una "presencia", u "hombres pequeños", u otros seres pequeños en el dormitorio; recuerdos de una luz intensa inexplicable en el dormitorio o en otras habitaciones; una sensación de zumbido o vibración al inicio de la experiencia; casos en los que se les hace flotar por el pasillo o fuera de la casa; avistamientos de OVNIs en primer plano; sueños vívidos en los que se les lleva a una habitación o recinto extraño donde se realizan procedimientos intrusivos; y lapsos de tiempo de una hora o más (Hopkins 1981) en los que los padres pueden haber sido incapaces de encontrar al niño.

Despertar paralizado, con una sensación de temor, y experimentar seres extraños o una presencia en la habitación, son indicadores comunes tanto en niños como en adultos.

A veces los seres extraterrestres son recordados como compañeros de juego amistosos, o incluso como sanadores (en el caso de Carlos, por ejemplo, el abducido sintió que los seres extraterrestres le habían curado literalmente de una neumonía que amenazaba su vida). A menudo, los alienígenas son protectores en la primera infancia, pero los encuentros se vuelven más serios y perturbadores cuando el niño se acerca a la pubertad.

Pero incluso los niños pequeños pueden estar aterrorizados por la experiencia de ser llevados de su familia al cielo contra su voluntad y sometidos a procedimientos dolorosos. Con frecuencia, el niño les cuenta a sus padres estos encuentros, que el niño sabe que son reales, y los padres les dicen que estaban soñando.

Con el tiempo, aprenden a pasar a la "clandestinidad" y a menudo deciden no contárselo a nadie hasta que, de adultos, deciden finalmente investigar sus experiencias.

Las abducciones se dan en familias, a veces durante tres o más generaciones (Howe 1989). También en este caso, los caprichos de la memoria -la peculiar mezcla de defensas psicológicas y un aparente control del recuerdo por parte de las fuerzas que mandan los alienígenas- dificultan la elaboración de estadísticas significativas sobre el número o el porcentaje de familiares implicados. En los casos de Jerry y Arthur, por ejemplo, los experimentadores se pusieron en contacto conmigo después de que una conversación con un hermano afectado activara su memoria. Los padres que acaban reconociendo los avistamientos de ovnis de cerca, o incluso las experiencias reales de abducción, suelen negar inicialmente sus propias experiencias e incluso las de sus hijos, pues no quieren que se les recuerden sus propios traumas de abducción. A veces los niños ven a uno de sus padres en la nave, pero cuando el niño confronta al padre con esa experiencia, el padre puede no recordar haber sido abducido.

. . .

O puede ocurrir lo contrario: un progenitor, como en los casos de Joe y Jerry, o un hermano mayor, puede recordar haber sido secuestrado con un niño o un hermano menor, y sentirse profundamente perturbado por no haber podido proteger al niño. O, a la inversa, un niño puede estar resentido con un hermano mayor o un padre, que puede o no recordar la sustracción, por no haberle protegido.

Aunque las abducciones o las experiencias relacionadas con ellas pueden repetirse a lo largo de la vida de la persona que las experimenta, el patrón y el momento de estos encuentros no están claros. Algunos abducidos creen que ocurren en momentos de estrés o de especial apertura o vulnerabilidad. Pero esto no es en absoluto seguro. Uno de los aspectos más angustiosos del fenómeno, tanto para los investigadores como para los experimentadores, aunque por diferentes razones, es la imprevisibilidad de su recurrencia.

Hay otros síntomas que están ligados a la asociación inconsciente con elementos particulares de las experiencias de abducción. Estos pueden indicar una posible historia de abducción, pero no son por sí mismos definitivos.

Incluyen una sensación general de vulnerabilidad, especialmente por la noche; miedo a los hospitales (relacionado con los procedimientos intrusivos en las naves); miedo a volar, a los ascensores, a los animales, a los insectos y al contacto sexual. Los sonidos, los olores, las imágenes o las actividades particulares que resultan perturbadoras sin razón aparente pueden resultar más tarde relacionados con la experiencia de abducción.

El insomnio, el miedo a la oscuridad y a estar solo por la noche, el cubrir las ventanas contra los intrusos, el dormir con la luz encendida (como adulto), y los sueños perturbadores y las pesadillas de estar en naves o recintos voladores extraños, son comunes entre los abducidos.

Pueden aparecer erupciones extrañas, cortes, marcas de cucharas u otras lesiones durante la noche, o pueden producirse hemorragias inexplicables por la nariz, el oído o el recto, que por sí solas podrían no llamar la atención, pero adquieren importancia en asociación con otros fenómenos relacionados con la abducción.

. . .

Otros síntomas, que más tarde resultan estar específicamente relacionados con aspectos de la experiencia de abducción, incluyen dolor en los senos nasales; quejas urológico-ginecológicas, incluyendo dificultades inexplicables durante el embarazo; y síntomas gastrointestinales persistentes.

Para un clínico estadounidense, formado en la tradición occidental, la investigación de los casos de abducción presenta retos especiales, ya que mucha de la información que se obtiene no encaja con las nociones de realidad aceptadas. La tentación es aceptar algunas experiencias, especialmente las que parecen tener algún tipo de sentido dentro de nuestro paradigma espaciotemporal, y rechazar otras como demasiado "lejanas", es decir, demasiado alejadas de lo que conocemos como posible desde un punto de vista físico. Sospecho que tales discriminaciones no son sabias ni útiles. Porque todo el fenómeno es tan extraño desde el punto de vista ontológico occidental que dar crédito a algunas experiencias porque nos parecen, al menos superficialmente, familiares y rechazar otras por su extrañeza parece bastante ilógico.

. . .

Mi criterio para incluir o dar crédito a una observación de un abducido es simplemente si lo que ha sido reportado fue sentido como real por el experimentador y fue comunicado sincera y auténticamente a mí.

Los encuentros de abducción comienzan más comúnmente en los hogares o cuando los abducidos están conduciendo automóviles. En algunos casos, el experimentador puede estar caminando en la naturaleza.

Una mujer fue raptada desde una moto de nieve en un día de invierno. Los niños han experimentado ser secuestrados en el patio de la escuela. El primer indicio de que está a punto de producirse una abducción puede ser una inexplicable luz azul o blanca intensa que inunda la habitación, un extraño zumbido, una aprehensión inexplicable, la sensación de una presencia inusual o incluso el avistamiento directo de uno o más seres humanoides en la habitación y, por supuesto, el avistamiento de cerca de una nave extraña.

No hace falta decir que las abducciones afectan profundamente a las vidas de quienes las experimentan.

· · ·

Estos efectos son dramáticos y perturbadores, pero también pueden ser transformadores, conduciendo a un cambio personal significativo y a un crecimiento espiritual. Si este elemento transformador es intrínseco al propio fenómeno de la abducción, depende en parte del trabajo terapéutico integrador con el investigador, o es un producto derivado de la aceptación de la naturaleza traumática de las experiencias, es una de las cuestiones que se exploraron en este libro.

El resultado de todas estas experiencias para los abducidos es el descubrimiento de un sentido nuevo y alterado de su lugar en el diseño cósmico, uno que es más modesto, respetuoso y armonioso en relación con la tierra y sus sistemas vivos. Se experimentan emociones de asombro, respeto por el misterio de la naturaleza y un mayor sentido de la sacralidad del mundo natural, junto con una profunda tristeza por la aparente desesperanza de la crisis medioambiental de la Tierra. Uno de los casos de John Carpenter se describió a sí misma como si se hubiera convertido en una "niña del universo" después de ser consciente de sus experiencias de abducción.

. . .

La secuencia de casos refleja, en general, una especie de progresión desde historias más sencillas hasta narraciones multidimensionales más complejas. El último caso sugiere lo que el fenómeno de la abducción puede deparar para la transformación de nuestras instituciones y vidas colectivas.

Bibliografía

- Adamski, George. Behind the Flying Saucer Mystery. New York: Paperback Library Edition, 1967.
- Creighton, Gordon. "The Amazing Case of Antonio Villas Boas." In The Humanoids, edited by Charles Bowen, 187–199. Chicago: Henry Regnery Company, 1969.
- Good, Timothy. Alien Liaison: The Ultimate Secret. London: Arrow Books, 1992.
- Leslie, Desmond, and George Adamski. Flying Saucers Have Landed. London: Werner Laurie, 1953.
- Randles, Jenny. Alien Contacts & Abductions: The Real Story from the Other Side. New York: Sterling Publishing, 1993.

- Turner, Karla. Into the Fringe: A True Story of Alien Abduction. New York: Berkeley Books, 1992.

www.ingramcontent.com/pod-product-compliance
Lightning Source LLC
Chambersburg PA
CBHW072018070526
44583CB00015B/1533